SONJA BAUM

Mama macht das schon …

Über die Autorin

Sonja Baum – Molekular-
biologin und Wissenschafts-
journalistin, lebt inzwischen
als freie Autorin in Hamburg.
Die Dreifachmutter mode-
riert erfolgreich die Literatur-
show „Einstellungsgespräch"
und liest regelmäßig auf
Lesebühnen ihre humoris-
tischen Geschichten über den alltäglichen
und wunderbaren Wahnsinn mit drei Kindern.
www.sonja-baum.de

Sonja Baum

Mama macht das schon ...

Stressfrei in 3 Minuten

Bibliografische Information der Deutschen
Nationalbibliothek:
Die Deutsche Nationalbibliothek verzeichnet diese
Publikation in der Deutschen Nationalbibliografie;
detaillierte bibliografische Daten sind im Internet über
http://dnb.dnb.de abrufbar.

© 2021 Sonja Baum
Mama macht das schon ...

Titelgestaltung & Grafik: Kai Kathe
Illustrationen: Maren Kaschner
Foto: Armin Sengbusch

Herstellung und Verlag: BoD – Books on Demand, Norderstedt

ISBN: 978-3-7557-2747-7

INHALTSVERZEICHNIS

✦ MAMA AM RANDE DES WAHNSINNS

Ich bin keine Mama. Dieses Wort habe ich abgeschafft. „Mamaaaaaaa, Hunger!", „Mamaaaaaa, Fernsehen!", „Mamaaaaaaa, spielen!", „Mamaaaaaaa, anschnallen!" …
Bei uns heißt das „Mami".
„Mamiiii, Hunger!" nervt zwar auch, klingt aber viel netter. Viiiiiel netter. Mit „i".
Das war harte Arbeit, das „Mamaaaaaa" abzugewöhnen: „Ich heiße ‚Mami'! ‚Mami' heißt das!", reicht da nicht. Ich habe konsequent in allen Büchern, die ich vorgelesen habe und heute noch vorlese, „Mama" gegen „Mami" ausgetauscht. Hat funktioniert.
Was ich damit sagen will: Manche Stress-Situationen oder Stress-Auslöser kann man aktiv auflösen. Bei den meisten geht das aber nicht so einfach.
„Mutter-Sein" zum Beispiel. Diese Situation kann und will man gar nicht auflösen. Fühle ich mich in dieses Wort „Mama", „Mami" oder „Mutter" hinein, ist da bei mir erstmal ganz viel Liebe. Mama-Sein ist etwas absolut Wunderbares, Einzigartiges. Das unangefochten Schönste auf der Welt.
Aber dann! Dann fängt es in meinem Kopf auch schon an zu rattern: Die Kinder kommen gleich nach Hause, ich muss auch noch das Essen vorbereiten, ach Mist, die Waschmaschine, die

hatte doch vorhin gepiept, die muss ich noch ausräumen, und achja, die Mittlere braucht noch ein neues Schreibheft für die Schule morgen, das muss ich auch noch besorgen ... STRESS!!!

Der Satz „Ich bin Mutter" birgt schon so viel Stress, der einfach in dem Dasein als Mutter und den ganzen Aufgaben einer Mutter begründet ist.

Dass es mich nur noch mindestens im Doppelpack gibt, daran habe ich mich erst bei Kind Nummer zwei gewöhnt. Das lag vor allem an den Fotos. Dass ich auf Fotos nicht mehr allein zu sehen war. Früher auf Fotos – und das ist noch gar nicht sooo lange her – da war ICH zu sehen. Also. Ich auf einem Berggipfel. Ich vor einem roten Ford Mustang Cabrio ZWEI-Sitzer in der Wüste Nevadas. Ich am Steuer eines Schnellbootes auf dem Lake Powell, mit wehendem Haar. Ich beim Tanzen. Ich beim Trinken. Ich.

Dann sahen die Fotos irgendwann so aus: Baby auf dem Arm und ich. Baby auf dem Arm und meine Brust. Stehendes Baby und meine Beine.

Dann so: Grimassen schneidender kleiner Junge (der damit im Übrigen noch heute jedes Foto versaut), Baby und ich.

Und dann – und bei diesem Foto hat es bei mir ‚klick' gemacht: Siebenjähriger Junge macht Grimasse, sechsjähriges Mädchen grinst ihr super verlässliches Foto-Grinsen, dreijähriges Mädchen macht Quatsch und ist verwackelt. Dahinter: mein Auge. Und ein Stück der Nase vielleicht.

Da habe ich es verstanden: Ich bin Mutter. Wobei in „ich bin" schon ein Denk- beziehungsweise Formulierungsfehler liegt. Ich BIN nicht. Mich gibt es nicht. So wie auf den Fotos. Die Kinder sind da. Von mir gibt es nur noch Stücke. Die sich zu einem Ganzen zusammensetzen, sobald ich an „mich" denke.

An mich denken tue ich wenig. Kids first. Und dann ich. Wer nochmal? Achja, ich! Ich!

Ich bin Mutter. Auf Fotos zumindest. Und für den objektiven Betrachter.

Aber.

Ich fühle mich überhaupt nicht so. Ich fühle mich immer noch wie damals. Als könnte ich bis nachts um 23 Uhr mit Freunden in der WG Wodka und Orangensaft im Wechsel trinken um dann, danach, um 23 Uhr, erstmal richtig loszulegen. Damals. Party in der Mensa. Mit Tanzen und Hopsen. Vor allem Hopsen. Und wild sein. SO fühle ich mich.

Heute trinkt man Gin Tonic. Um 19 Uhr. Bis etwa 21 Uhr. Keiner hopst. Und dann um 21 Uhr werde ich auch schon bald müde. Und ab 23 Uhr ist gar nichts mehr los mit mir.

Und ob ich mich nun so fühle oder nicht: Ich bin Mutter. „Mami". Und. Ich bin Köchin. Ich bin Putzfrau. Ich bin Haushälterin. Ich bin Taxifahrerin. Ich bin Logistikerin. Und das sind NICHT die Berufe, die ich damals ins Poesie-Album geschrieben habe. Definitiv nicht.

Mein Mami-Dasein erinnert mich immer an Sisyphus. Es dreht sich alles im Kreis, es fängt immer wieder von vorne an:

Aufräumen,

Essenmachen,

Aufräumen,

Einkaufen,

Wäsche machen,

Aufräumen,

Essenmachen,

Und nebenbei oder vielmehr vor allem: Für die Kinder da sein. Und das am besten ganz liebevoll und entspannt – während man den Überblick verloren hat (zumindest wenn man mehr als ein Kind hat), wer wann zum Kurs muss, ob alle ihre Hausaufgaben erledigt haben, wer sein Instrument geübt hat, ob sie die Kaninchen gefüttert haben, ob die Kleine zusätzlich zu den Schulaufgaben auch noch lesen übt, wer eigentlich mal irgendwann geholfen hat den Tisch abzuräumen. Und den Müll könnten sie doch im Grunde genommen auch mal rausbringen.

Ganz liebevoll und entspannt?

Ich bin schon allein durch diesen ganzen so genannten Mental Load gestresst.

Und.

Ich habe chronisch keine Zeit.

Meditieren oder Yoga, schwimmen gehen oder in die Badewanne oder Sauna – das sind ohne Zweifel wunderbare und heilsame Entspannungstricks.

Aber Tipps wie „Mach doch mal Yoga!" oder „Meditieren hat mir geholfen, fang doch mal mit Meditieren an!" stressen mich noch mehr.

Wann soll ich das machen?

Die gute Nachricht ist an dieser Stelle – Achtung, Spoiler: Es geht auch viel schneller mit dem Entspannen.

✦ EIN GANZ NORMALER TAG

6 Uhr und 12 Minuten. Das ist so gar nicht meine Zeit. Meine Zeit beginnt um 8 Uhr und 23 Minuten. Frühestens. Meine Zeiten sind immer „krumm". Das fühlt sich irgendwie besser an. Ist vermutlich ein Tick. Aber um Ticks geht es hier und heute um 6 Uhr 12 nicht. Heute geht es um Hektik. Oder, besser: Heute geht es mal ohne Hektik. Heute mach ich mal alles ganz in Ruhe. Habe ich mir vorgenommen.

Sonst klingelt der Wecker 15 Minuten später. Also um 6 Uhr 22. Aber heute stehe ich früher auf, trinke in Ruhe einen Cappuccino und dann geht es ganz gemütlich los. Denke ich.

Und höre etwas.

Tapp. Tapp tapp tapp. Mist. Das Geräusch kenne ich. Die Kleinste. Da kommt sie auch schon. Das war's mit dem Cappuccino. Es sei denn, ich teile den Milchschaum mit ihr. Aber das kann ich nicht zur frühen Unzeit. Da brauche ich den Milchschaum für mich. Oder eben gar nicht. Egal. Nicht die Laune verderben lassen.

Die Kleinste hängt sich an meinen Arm und will kuscheln. Irgendwie bringt das jetzt meinen Zeitplan durcheinander. Aber gut. Kuscheln statt Cappuccino. Hört sich hier im Text super an. Aber. Stellt euch vor: Es gibt Momente, da will man auch mit dem süßesten Kind der Welt NICHT kuscheln.

Jetzt ist so ein Moment. Ich grummle immer noch wegen meines Cappuccinos, den ich nun nicht bekomme, schiebe sie vom Schoß und beginne mich fertig zu machen. Dann schleiche ich mich, um die Mittlere nicht aufzuwecken, mit der Kleinsten auf dem Arm zum Großen ins Zimmer.

Hier habe ich etwas richtig Tolles vor. Eine Kleiderstraße! Soll super sein, hab ich gelesen. Ich wecke ihn und suche dann seine Klamotten zusammen, um sie in der richtigen Anzieh-Reihenfolge quer durch sein Zimmer zu legen. Strumpf – Strumpf – Unterhose – Hose – Unterhemd – T-Shirt – Pulli. Die Kleine sitzt auf dem Teppich und beobachtet mich fasziniert, während der Große sich mühsam aus dem Bett quält.

„Guck mal", sage ich, „tolle Sache, oder? Jetzt kannst du dich ganz einfach anziehen, der Reihe nach."

„Mmmmmmäääähmmmm...", sagt er oder so ähnlich. Muss noch ein bisschen wach werden, der Arme. Ich habe großes Verständnis für Müdigkeit am Morgen. Aber es hilft ja nichts. Nichts!

Ich struwwele durch die Haare des Großen, klatsche dann in die Hände: „Zack, zack. So, dann mal los. Ich mache die Mädchen fertig. Komm dann zum Essen, wenn du soweit bist!"

Ich sehe noch, wie er sich auf den Boden fallen lässt, nach dem ersten Socken greift und ihn sich in Zeitlupe über die Zehen stülpt.

Die Mittlere ist noch schwerer wach zu kriegen. Irgendwann habe ich sie und die Kleine aber in ihren Klamotten und eile mit Blick auf die Uhr nun doch etwas hektisch werdend zu dem Großen zurück.

Bei dem allerdings ist die Zeit stehen geblieben. Er sitzt auf dem Boden, besagten Strumpf in der Hand, über seine Zehen gestülpt.

Nicht aufregen, ganz ruhig bleiben.

Er sieht auf: „Waaaas ...?"

„Anziehen! Hopphopp! Liegt alles da!"

„Ja, ich ... Was soll ich?"

„An – zie – hen!" Nicht verzweifeln. Ruhig bleiben. Ermahne ich mich.

„Ja, ich mach ja schon!"

„Schon" ist etwas anderes. Aber er wird nun auch hektisch und greift nach dem zweiten Strumpf.

Ich eile nun im Dauerlauf zurück in die Küche, gebe den Mädchen ihr Frühstück und schmiere die Brote für die Schule. Das ist mein Schicksal für noch weitere ca. 13 Jahre: Zur Unzeit Brote schmieren, unausgeschlafene Kinder wecken und unausgeschlafene Kinder motivieren, ihr gesundes, „total leckeres" Frühstück zu essen. Voll langweilig. Total ätzend. Aber so ist es. Hab ich mir ja so ausgesucht.

Der Große kommt reingeschlurft.

„So, jetzt aber ..." – „schnell" wollte ich sagen. Starre aber auf seine Kleidung. DAS hatte ich nicht rausgelegt. Ich renne in sein Zimmer. Da liegt die

Kleiderstraße, quer durch sein Zimmer. Muss er fein säuberlich drübergestiegen sein um sich aus dem Schrank andere Klamotten zu holen.

Nicht aufregen, ganz ruhig. Ist doch toll, er kann sich völlig alleine seine Sachen zusammensuchen UND sich fertig anziehen. Super! Aber: WER räumt den ganzen SCHEIß jetzt wieder weg? Verdammt noch mal.

Ich pese zurück in der Küche. Wie war das nochmal mit der Hektik heute? Keine 30 Minuten und alle Vorsätze sind wieder im Eimer.

Schnellschnell die Brote eingepackt. Ach, Mist. Heute ist Mittwoch, der Große hat Sport, die Mittlere Schwimmen. Ich suche die Sachen zusammen, stopfe sie in die Taschen und deponiere Sport- und Schwimmtasche direkt vor der Haustür, neben den Ranzen. Verbarrikadiere die Tür sozusagen. Kann keiner dran vorbei. Kann keiner vergessen. DAS zumindest kann ich schon mal von meiner Liste abhaken.

„Jetzt aber los!", rufe ich.

„Ranschieben!", brüllt die Kleinste vom Esstisch. Sie hat sich mit ihrem Kinderstuhl zwei Zentimeter vom Tisch weggedrückt. So kann sie nicht essen. Das sind zwei Zentimeter zu viel. Da kann man schon mal brüllen. Ich hechte zu ihr, schiebe sie zwei Zentimeter dichter an den Tisch: „Und nun iss mal auf", sage ich. „Wir müssen gleich los."

Als die beiden Großen wenig später das Haus verlassen, fällt mein Blick auf die Sporttaschen, die immer noch den Weg zur Tür versperren. Die Ranzen sind weg. Die Taschen sind noch da. Das muss man erstmal schaffen. Die Ranzen hochnehmen und dann über den Rest drübersteigen.

Wie von der Tarantel gestochen reiße ich die Tür auf und brülle quer über die Straße: „Hey!!! Ihr habt was vergessen!"

Jetzt aber schnell. Die Kleine muss in den Kindergarten. Wir sind spät dran. Schaffen es aber gerade noch in letzter Sekunde, bevor der Stuhlkreis beginnt. Da sind die eigen. Das mögen sie gar nicht, wenn man da reinplatzt. In den Stuhlkreis.

Ich düse wieder nach Hause.

Ich mache mir einen Grünen Tee, trinke einen Schluck, das soll man ja ganz in Ruhe. In Ruhe, im Stehen, aber in Ruhe. Und dann geht es los:

Ich räume im Affenzahn den Geschirrspüler aus. Zeit ist in meinem Falle nicht Geld. Sondern Zeit ist Zeit ist Zeit ist Zeit ist Zeit ist Zeit ....

Dann reiße ich die Wäsche aus dem Trockner, dann die Wäsche aus der Waschmaschine, um sie in einer fließenden zeiteffizienten Bewegung direkt in den Trockner zu stopfen. Danach schütte ich den Inhalt eines Wäschekorbes in die Waschmaschine, stelle alles an. Neuer Rekord. Bestimmt.

Ich habe derweil immer noch nichts gegessen. Egal. Erstmal zu Budni. Nicht zum gemütlichen

Budni-Bummel. Sondern: Windeln. Spüli. Waschmittel. Ich schnappe aus den Regalen, was mir vor die Nase kommt.

Früher war es mir peinlich, wenn ich Toilettenpapier kaufen ging. Dann war mir peinlich, wenn die Tampons auf dem Kassenband lagen. Aber jetzt! Nichts ist so demütigend wie Windeln Größe 6 zu kaufen. Die Packungen sind auch noch so groß. Die kann man gar nicht verstecken.

An der Kasse schmeiße ich alles auf das Förderband. Hinter mir ein etwa 80-jähriger Mann nickt anerkennend: „Sie können aber schnell Ihren Korb ausräumen!", sagt er staunend. Da sollte er mich erstmal an der Waschmaschine sehen, ha!

Ich starre missbilligend der Frau vor mir in den Nacken. Sie sucht nach Kleingeld in ihrem Portemonnaie. Sowas hasse ich. Wirklich. Da hab ich alles so schnell zusammengerafft und aufs Förderband befördert – und jetzt bremst sie mich aus. Durchatmen, ermahne ich mich. Hätte ich auch ganz langsam alles aufs Band legen können. Langsam und dabei ein bisschen runterkommen. Aber nun ist es zu spät. Jetzt komme ich nicht mehr runter. Die Tante nervt.

Endlich bin ich raus aus Budni. Runterkommen. Genau. Bei einem CAPPUCCINO. Jetzt aber. Das Handy klingelt. Der Kindergarten. Das ist nie gut. Die Kleine brüllt – ich höre es durch den Hörer – sie würde nicht aufhören und sie wüssten auch nicht, was sie machen sollten. Na toll. Also fahre ich sie abholen. Sie brüllt tatsächlich. Aber kaum sitzt sie im Auto, ist sie wieder vergnügt. Richtig vergnügt.

„Warum hast du denn so gebrüllt?", frage ich.

„Die Erdbeere war zu groß!", sagt sie.

„Wie bitte? Was?"

„Die Erdbeere war zu groß! Da hab ich Geschrei gemacht", sagt sie, immer noch sehr vergnügt.

Ich versuche mich nicht aufzuregen. In Zukunft also nur noch kleine Erdbeeren. Alles klar.

Während wir für das Mittagessen einkaufen, was alles mit ihr im Schlepptau natürlich mehr als doppelt so lange dauert, beginne ich mir über eine ganze andere Herausforderung Gedanken zu machen: Der Große muss um 16 Uhr vom Tennis abgeholt und bei seinem Freund abgeliefert werden. Die Mittlere muss um 16.15h beim Ballett sein. Für das Hinbringen benötige ich 20 Minuten um es zwar schnellschnell aber nicht übermäßig hektisch zu schaffen. Das heißt 15.55 Uhr los. Dafür muss man kein Rechengenie sein um zu bemerken, dass das nicht hinhaut. Mit dem Tennis. Je näher der Termin rückt, desto nervöser werde ich. Als ich endlich kapiert habe, dass man nicht an zwei Orten gleichzeitig sein kann, ist es höchste Eisenbahn – aber: meine Babysitterin springt ein! Die Rettung!

Sie kommt um 14.30 Uhr. Super. Da kann ich den Großen ohne die beiden Mädchen im Schlepptau zum Tennis hinbringen, Babysitterin holt ihn mit der Kleinsten im Schlepptau ab und bringt ihn zu dem Freund. Ich fahre gemütlich mit der Mittleren zum Ballett und ENT-SPAN-NE dort für sagenhafte 60 Minuten. Juhu!

Soweit der Plan.

Um 14 Uhr 45 fängt die Kleinste an zu jammern. Ohrenschmerzen. Ich denke an den Plan. Der Plan! Den gilt es einzuhalten. Keine Panik. Noch habe ich alles im Griff. Erstmal der Große zum Tennis. 14.50h verlassen wir das Haus. Wir brauchen mit dem Fahrrad exakt 10 Minuten bis zum Tennis.

Gerade wollen wir uns auf die Räder schwingen, da fällt dem Großen auf, dass „das nicht seine Jacke ist"! Seine superteure ! 3 Tage ! alte Daunenjacke ist weg. Dafür hält er eine billige Synthetik-Jacke in der Hand, die garantiert und sowieso überhaupt nicht warmhält.

Wo er die her hat, frage ich.

„Weiß ich doch nicht!", sagt er.

Wo denn seine ist, frage ich.

„In der Schule vermutlich", sagt er.

„Aha", sage ich. „Dann hast du diese hier wohl aus der Schule mitgenommen und mit deiner vertauscht?!"

„Weiß ich nicht!", beharrt er.

Ich breche dieses sinnlose Gespräch ab, wiege die Kosten des Tennistrainings mit denen der Jacke ab und beschließe erstmal zur Schule zu fahren. Fluchend und schimpfend und fluchend und schimpfend fahre ich dem Großen hinterher. Unerklärlicherweise ist die Jacke noch da.

Ich entschuldige mich bei dem Großen fürs Schimpfen. Ok. Ja. Auch fürs Fluchen. Er kommt 15 Minuten zu spät zum Tennistraining. Ich rase nach Hause. Gebrüll. Die Kleinste hat anscheinend ernsthafte Ohrenschmerzen. Sie brüllt laut Babysitter durchgehend seit 14 Uhr 45. Jetzt ist es 15 Uhr 30. Okay. Also. Arzt. Sie muss zum Arzt. Der Große muss abgeholt werden. Die Mittlere immer noch zum Ballett. Wir sind eindeutig wieder einer zu wenig.

Ja.

So sieht es aus.

Das Problem habe ich gelöst. Wie, ist jetzt nicht spannend genug für diese Geschichte. Entscheidend ist nur. Ich bin Mutter. Aber vor allem bin ich Logistiker.

Aber jetzt muss ich aufhören mit dem Schreiben. Muss mein Handy suchen. Muss dringend noch ein paar WhatsApp verschicken. Ich weiß noch nicht, wie die Kleine morgen, falls sie nicht ernsthaft krank ist und zu Hause bleibt, vom Kindergarten nach Hause kommt, denn da muss ich zum Zahnarzt. Dann muss ich mir noch die Info besorgen, ob das Wichtelpäckchen bei dem Großen in der Klasse 2 Euro oder 5 Euro kosten soll. Die Mittlere möchte morgen mit einer Freundin spielen. Bisher hat keine Zeit. Die machen alle irgendwelche KURSE. Dann habe ich

Föhndienst nach dem Schwimmunterricht beim Großen, habe aber keine Ahnung, wann man da antanzen muss. Achja, und die Kleinste hat morgen auch noch Zeigekreis im Kindergarten. Da gibt es immer ein Thema, zu dem sie etwas mitbringen sollen. Letzte Woche war „Schneekugel". Davor war „Holzspielzeug". Aber diese Woche? Diese Woche??? Pfff ...

✦ WARUM NUR ENTSPANNTE ELTERN AUCH GUTE ELTERN SEIN KÖNNEN

Gefühlt bin ich in permanenter Ansprache der Kinder. Ständig lungert einer um mich herum, braucht meine Hilfe, braucht etwas zu Essen, braucht mich zum Vorlesen oder Spielen. Mein Tag endet um 21.30 Uhr. Dann ist der letzte im Bett. Wenn ich Pech habe, kann mindestens einer nicht einschlafen und ich bin noch länger gefordert.

Ich bin früher nicht immer um meine Eltern herumgelungert. Vielleicht sind die Kinder heute einfach zu verzogen. Sie stehen im Mittelpunkt des Familiengeschehens, entscheiden schon im Kindergartenalter, ob sie lieber grüne oder pinke Socken anziehen möchten und wenn ihnen nachts zu warm ist, reißen sie sogar im benachbarten Elternschlafzimmer bei Eiseskälte die Fenster auf, egal ob die ewig fröstelnde Mutter die ganze Nacht lang friert.

Das hätte ich mich früher nicht getraut. Einfach das Elternschlafzimmer zu betreten und dann auch noch die Fenster dort eigenmächtig zu öffnen. Neulich fragte mich Flip-Flop-Moritz – und der Beiname impliziert, dass er einer der wenigen Freunde ist, der keine Kinder hat – wie ich das eigentlich mache. Mit meinen drei Kindern. Dass sie lebenstauglich sind. Fit für den Alltag. Oder wie man das nennen soll. Und noch glücklich dabei.

Denn tatsächlich: Mehr möchte man doch eigentlich nicht für seine Kinder. Meinte Flip-Flop-Moritz.

„Mit Liebe und Erziehung mache ich das", meinte ich. Und fand mich sehr weise. Liebe und Erziehung als Fundament für einen guten Start ins Leben. Klingt doch toll.

Liebe fällt mir leicht. Mit Liebe machen sie es mir auch leicht. Die saugen sie aus mir raus. Wie Vampire das Blut. Oder Mücken. Den Vergleich finde ich irgendwie besser. Mücken sind dann schon niedlicher als Vampire.

Aber die Erziehung:

Bitte,

danke,

immer schön höflich,

Erwachsene nicht unterbrechen, wenn sie reden,

Erwachsene nicht unterbrechen, wenn sie stundenlang reden,

gerade am Tisch sitzen,

mit Messer und Gabel essen,

das Messer und die Gabel richtig halten,

bei Tisch nicht mit vollem Mund sprechen,

wenn Erwachsene sich unterhalten: zuhören und lernen,

pünktlich sein,

ordentlich sein, ...

Das sind so unsere Themen. Klappt so mäßig.

Hat bei meiner Erziehung auch nur so mäßig geklappt. – Mit Messer und Gabel essen kann ich.

Gerade am Tisch sitzen ist schon schwerer. In meinem Alter geht das mit den Rückenschmerzen los. WENN man als Kind schon immer gerade am Tisch gesessen HÄTTE, hätte man NIE Rückenschmerzen bekommen. So sieht es mal aus.

Und, ha! Erwachsene darf ich jetzt unterbrechen. Ich bin auch erwachsen. Und ich muss mir den Quatsch auch nicht mehr anhören und daraus lernen.

Über „ordentlich" reden wir lieber nicht. Aber höflich, höflich bin ich. Das hat mal super funktioniert. So höflich, dass ich oft lieber den Mund halte, statt anzuecken. Das wiederum ist nicht so gut. Muss ich besser machen bei meinen Kindern. Check.

Aber viel interessanter ist: Wie sieht es aus mit Erziehung und Prägung, die die Kinder durch andere erhalten?

Durch Großeltern zum Beispiel. Meine Kinder haben noch alle vier, also Großelternteile, und dazu noch eine Urgroßmutter. Was toll ist. ABER es birgt auch Gefahren. Gefahren der falschen Fundamentlegung.

Ich war früher oft bei meinen Großeltern. Großeltern sind das Beste, was es gibt auf der Welt. Zumindest meine Großeltern. Denn: Da gab es alles, was es Zuhause nicht gab.

Zum Beispiel Fernsehen. Bei uns lief der Fernseher nur für „Tagesschau" und „Sandmännchen". Und am Wochenende „Sendung mit der Maus" und

„Löwenzahn". Mein Opa hingegen sah ganz oft fern. Zwar Fußball, voll langweilig, aber – FERNSEHEN! Ich spekulierte immer darauf, dass mal nicht Fußball kam. Ich spekulierte auf die „Sesamstraße". Die war Zuhause total verpönt. Keine Wertevermittlung. Keine Wissensvermittlung. Nur komische Puppen, mit großen Augen, die beim Essen rumsauten.

Wenn mein Opa Fußball sah, durfte ich manchmal mit auf seinen Sessel klettern. Das war so ein automatisch verstellbarer Fernsehsessel. Die Lehne fuhr nach hinten, die Beine wurden nach oben gehoben und ganz am Ende klappte noch eine Fußstütze heraus. Total irre.

Wenn ich nicht auf den Sessel kletterte, klaute ich ihm heimlich Bonbons unter der Nase weg. Es gab immer ein Glas voller Nimm2-Bonbons, das stand auf einem kleinen Beistelltisch neben dem Fernsehsessel. Ich mochte die orangenen am liebsten. Mein Opa merkte das meistens nicht. Ich huschte dann auf das große Sofa und stopfte das Bonbonpapier zwischen Lehne und Sitzkissen. Später als meine Großeltern das Sofa verkauften, mussten sie einen ganzen Müllsack voller Nimm2-Papier entsorgen.

Mein Bonbon-Konsum hatte sicher etwas damit zu tun, dass es das zuhause auch nicht gab. Keine Bonbons. Keine Schokolade. Kurz: keine Süßigkeiten.

Aber selbstgebackenen Kuchen gab es. Mit Honig.

Und der war wirklich lecker. Wobei später herauskam, dass, wenn man Honig erhitzt, ein Gift entsteht. Hydroxy-Methyl-Furfural. Ist krebserregend. Aber das wusste man damals noch nicht. Vermutlich ist das auch nur ein Gerücht der Zuckerindustrie, die den Ökos mal so richtig eine reinwürgen wollte. Aber egal.

Denn: Fußball. Das hatte auf jeden Fall prägende Ausmaße. Meinen Eltern gefiel das mit den Süßigkeiten nicht. Aber das mit dem Fußball gefiel ihnen auch nicht.

Ich verstand davon nicht viel. Alle rannten hinter dem Ball her und wenn sie ihn hatten, schossen sie ihn sofort wieder weg. Das war doch Quatsch. Ab und zu brüllte mein Opa laut: „SCHEEEEEEEIßE!!!!!!!" und sprang von seinem Fernsehsessel auf. Wobei ich mich heute frage, wie er das eigentlich gemacht hat. Springt mal aus einem Fernsehsessel auf, mit zurückgeklappter Rückenlehne und ausgefahrener Fußstütze! Aber mein Opa, DER konnte das.

Mein Vater wollte immer nicht, dass ich zu viel bei meinem Opa rumhing mit seiner „Fäkalsprache." Aber von der Schule abholen sollte er mich trotzdem. Sein Mercedes war klapprig und nikotingelb und roch auch innen nach Nikotin, weil mein Opa gern im Auto rauchte. Sowas war damals noch nicht verpönt. Nur die Fäkalsprache.

Mein Opa hat mich in drei Dingen beeinflusst. Also, Fundamente gelegt. Oder eben nicht gelegt:

Ich habe niemals auch nur an einer Zigarette gezogen, weil ich das schon bei ihm abstoßend fand.

Fußball finde ich bis heute, so wie bei ihm damals, langweilig.

Aber Fäkalsprache finde ich spannend!

Das dürfen nur meine Kinder nicht wissen, natürlich. Das will man nicht. Man will, dass sich seine Kinder ordentlich ausdrücken.

ABER. Es ist verdammt schwer, entspannt zu bleiben UND daran zu denken, dass die Kinder hinten im Auto sitzen, wenn man rückwärts auf eine vierspurige Straße ausparkt und der blöde ARSCH mit seiner SCHEISS Karre nicht anhält und mich nicht auf die KACK Straße vorlässt, obwohl die BESCHISSENE Ampel fünfzig Meter weiter sowieso rot ist!!!

So einfach ist das mit der Fundamentlegung. Alles versaut.

Bei einem Mal Ausparken.

✦ KANN ICH STRESS IM ALLTAG MIT KINDERN VERMEIDEN?

Mein Leben besteht zu einem großen Teil aus Essen machen und aufräumen. Es gibt Familien, da sieht es immer pikobello aus. Zumindest wenn ich da in der Tür stehe.

Bei uns sieht es nie pikobello aus. Ich könnte vielleicht die Spielküche aus unserer Küche wegräumen. Und die Knete mit dem Knetkoffer. Und den Knetsand, der sowieso schon bunte Fugen zwischen den Parkettbohlen bildet. Und die ganzen Malstifte. Und das Papier: Malpapier, Tonpapier, Transparentpapier, Glanzpapier. Und die Stempel und Stempelkissen in fünf verschiedenen Farben.

Und die Kreide. Mit der Kreide machen die Kinder etwas ganz Tolles. Sie nehmen sich Küchenreiben und zerreiben darauf die Kreide zu Staub. Dann füllen sie Wasser dazu und machen Matschepampe. Kreidematschepampe. Die darf man also nicht wegräumen. Denn am nächsten Tag produzieren sie noch mehr Kreidestaub. Und noch mehr Matschepampe. Manchmal mischen sie noch andere Zutaten dazu. Das wird dann manchmal eklig, weil das unter Umständen zu stinken anfängt.

Einmal hatten sie sich aus dem Garten grüne Düngerstäbchen geholt und in der Kreidematsche

aufgelöst. Konzentrierter, in Kreidepampe aufge-
löster Dünger stinkt bereits nach einem Tag wie
Hölle. Das gehört dann in den Sondermüll.
Sondermüll haben wir nicht. Also dachte ich, ich
entsorge das im Garten. Ist ja alles biologisch –
Kreide, Dünger, Wasser. Das versickert ja auch.
Auf jeden Fall: Den Garten konnten wir eine Woche
lang nicht betreten.

Aber, um den roten Faden wieder aufzunehmen:
Auf KEINEN Fall kann ich diese Dinge aus der
Küche entfernen. Auch wenn es schöner aussehen
würde.

Manchmal denke ich dann: einfach machen.
Einfach wegräumen. Ich mache mir zu viele
Gedanken. Dadurch wird alles kompliziert.

Aber ich mache mir die vielen Gedanken, um
Stress zu vermeiden. Um alle Eventualitäten
auszuschließen. Oder mit einzuschließen. Je
nachdem, wie herum man es betrachtet. Kurz: Ich
plane.

So spiele ich auch vor jeder Unternehmung alle
Eventualitäten durch. Auf beispielsweise ein
Straßenfest zu gehen, ist also eine große
Unternehmung, gemessen an dem Gedanken-
aufwand, der mich das kostet. Und das, selbst
wenn ich nur EIN Kind mitnehme.

So lief es zum Beispiel, als ich die damals
vierjährige Kleine mit auf ein Straßenfest nehmen
wollte:

Zunächst überlege ich, wie ich dorthin komme. Am

liebsten mit dem Auto. Das ist bequem. Aber, überlege ich, dort gibt es bestimmt keine Parkplätze, weil wegen des Festes viele Leute da sind.

Also nehmen wir vielleicht doch lieber den Bus. Aber, überlege ich, da muss ich mit der Kleinen bis zur Haltestelle laufen. Wie ich die Kleine kenne, will sie irgendwann nicht mehr laufen und auf den Arm. Ich könnte also die Karre mitnehmen, überlege ich. Aber mit Karre auf einem Straßenfest, das ist auch blöd. Da will sie dann auch gleich raus, weil sie nichts sieht, und ich schiebe dann die leere Karre. Wie peinlich ist das denn! Und alle stolpern drüber in dem Gedränge.

Bleibt noch das Fahrrad, überlege ich und überlege noch eine Weile weiter, aber: Ja. Gute Idee. Gut, dass ich da drüber nachgedacht habe: Ich nehme das Fahrrad und die Kleine hintendrauf auf den Fahrradsitz. Das ist gut.

Aber, überlege ich. Was ziehe ich da bloß an? Ich sehe noch einmal auf die Wetter-App. Ich sehe immer auf die Wetter-App, bevor ich das Haus verlasse. Zunächst wenn ich plane, das Haus irgendwann später zu verlassen – denn dann kann ich mir schon mal darüber Gedanken machen, was ich da anziehen muss und ob ich eine Jacke brauche und ob das eine warme oder dünne Jacke sein muss, und ob die regendicht sein muss und ob eine Kapuze gut wäre.

Und dann sehe ich mindestens noch einmal kurz

vor tatsächlichem Verlassen des Hauses auf die Wetter-App, denn es kann vorkommen, dass sich die Wettervorhersage kurzfristig ändert. Direkt vor Verlassen auf die App zu gucken – das verhindert unangenehme Überraschungen, auf die man nicht gefasst ist.

Es soll warm werden auf dem Straßenfest.

Wenn es warm ist, ziehe ich Kleider an. Kleider verheddern sich in Fahrradspeichen. Aber ich könnte ein so langes Kleid anziehen, dass ich es vorne zusammennehmen kann. Dann könnte ich mit einer Hand Lenker und Kleid festhalten, überlege ich. Das könnte gehen. Bleiben noch die Schuhe.

Sandalen auf einem Straßenfest sind nicht gut. Schuhe, die vorne offen sind, sollte man auf Straßenfesten vermeiden. Da könnten Glasscherben herumliegen. Also, überlege ich, vielleicht lieber Stiefel. Stiefel sind gut. Sieht man unter dem bodenlangen Kleid sowieso nicht.

Also gut. Bodenlanges Kleid, Stiefel, die Kleine hintendrauf, Kleid vorne zusammengeknüllt und zwischen Hand und Lenker festgeklemmt und los geht es. Erst jetzt fällt mir auf, dass das total idiotisch aussehen muss. Und gefährlich ist es irgendwie auch. Ich habe das Fahrrad nicht so richtig unter Kontrolle. Hinten die Kleine ist auch schon ganz schön schwer für so einen Kindersitz und wackelt zudem rum. Und die Hand, mit der ich das Kleid halte, ist voll mit dem Stoff und kann den Lenker kaum greifen. Ich fahre also quasi einhändig mit einer zu schweren, zappelnden Vierjährigen. Die auch noch irgendwie quengelig ist.

Ich parke das Rad fünfhundert Meter weit von dem Straßenfest entfernt, damit mich so bloß keiner sieht. Dann fühle ich die Stirn der Kleinen. Das ist ein Reflex bei Müttern. Quengeliges Kind – Stirn fühlen. In diesem Fall ist die Stirn heiß. Diese Eventualität hatte ich nicht gedanklich durchgespielt. Check. Muss für das nächste Mal mit auf die Liste.

Ich schleppe die Kleine eine Runde über das Fest. Die ganze Zeit auf meinem Arm. Nächstes Mal dann doch Stiefel OHNE Absatz, denke ich. Aber dann. Dann sieht die Kleine ein Reh. Ein Bambi-Kuschel-Reh. Das möchte sie haben.

Die Verkäuferin möchte einen Euro. Das verkauft sie im Auftrag ihrer Tochter, sagt sie. Die hätte das Reh auch so geliebt, als sie noch klein war. Nun sei sie zu groß.

Meine Kleine strahlt. Guckt ein bisschen krank und blass, aber strahlt. Und es geht wieder nach Hause. Und ich ärgere mich, dass ich der Frau nicht fünf Euro gegeben habe für das Reh. Für ihre Tochter. Das hätten mir die strahlenden Augen der Kleinen wert sein sollen. Mindestens. Kommt auch auf die Liste. Auf Flohmärkten nicht knauserig sein. Freuen sich dann am Ende beide Seiten drüber.

Wir radeln wieder nach Hause. Wobei radeln zu unbeschwert und leichtgängig klingt, für das was wir da machen. Das hat sich ja mal richtig gelohnt, denke ich noch.

Die Kleine wird wirklich richtig krank. Aber zum Glück hat sie das Reh. Und als sie auf dem Sofa mit dem Reh im Arm in meinem Arm liegt, denke ich darüber nach, wie viele Gedanken ich mir eigentlich gemacht habe, bevor ich mit ihr zu diesem Straßenfest gefahren bin.

Mit Kindern lässt sich einfach nichts richtig planen. Kinder sind wie tickende Zeitbomben. Man weiß nie, WANN es passiert. Und schon gar nicht, WAS passiert.

Mein Gehirn registriert diese Gefahr. Zeitbombe. Gefahr. Mein Gehirn ist sehr fürsorglich. Es will mich vor der Bombe schützen und stellt meinen Körper auf Flucht oder Kampf ein. Das macht es, indem es Stresshormone ausschüttet. Da ich aber weder kämpfe noch weglaufe, fehlt meinem Körper das nötige Ventil.

Ich mag an dieser Stelle das Zahnarzt-Beispiel. Wenn ich beim Zahnarzt war, bin ich hinterher völlig erledigt. Erschöpft. Ausgelaugt. Wie nach einem 800-Meter-Lauf. Weil mein Körper die ganze Zeit „auf dem Sprung" ist. Der Zahnarzt ist der Löwe. Oder eher der Säbelzahntiger.

Ich vergleiche meine Kinder nicht mit Säbelzahntigern, aber mein Gehirn scheint das zu tun. Wenn der Stresshormondruck zu groß wird, explodiert man dann selbst wie eine Bombe. Oder eher wie ein Schnellkochtopf. Man sollte nur aufpassen, dass die Kinder nicht in der Nähe sind. Dann wird man meistens laut. Und das ist furchtbar.

Mir war klar, ich musste mich irgendwie „runterbremsen". Entspannter werden. Dafür brauchte ich eine schnelle, praktikable Lösung. Und es ist tatsächlich möglich!

Ich teile hier in den folgenden Kapiteln meine zwanzig liebsten Entspannungstricks mit dir. Und das Tolle daran ist: Mit diesen Tricks brauchst du noch nicht mal drei Minuten um in deine Entspannung zu finden.

STRESSFREI IN 3 MINUTEN

✦ KÖRPERLICHE ENTSPANNUNG

Stress sitzt überall im Körper. Bei Stress versteifen wir uns. Wir spannen nicht nur die Schultern an – sogar die Finger können sich in einem Stressmoment verkrampfen. Oder die Zunge!

Denn wenn unser Gehirn das Signal erhält, dass wir uns in einer Stresssituation befinden, leitet es diese Information direkt an unsere Muskulatur weiter. Das läuft reflexartig ab, also unbewusst, ohne dass wir das steuern könnten. In der Folge spannt sich unsere Muskulatur also automatisch an.

Bauen wir den Stress nicht ab und sind über einen längeren Zeitraum gestresst, kommt es zu Dauerverspannungen. Vor allem in Schultern, Nacken, Kiefer und Rücken. Was dann unter anderem zu Kopf- und Rückenschmerzen oder sogar zu Migräne führen kann.

Um Stress abzubauen, müssen wir diese Informationskette „Stress → die Muskeln spannen sich an" umkehren. Das können wir tun, indem wir unsere angespannten, steifen Körperpartien wieder lockern und so unser Gehirn austricksen: „Wieso? Ich hab doch gar keinen Stress!"

Das Tolle daran ist: Wir machen das automatisch dadurch, wenn wir uns bei den Körperübungen auf unseren – genau: Körper! konzentrieren und den so genannten Motorcortex beschäftigen. Das ist der Teil des Gehirns, der für Bewegung zuständig ist.

Dadurch fehlen dem Gehirn Kapazitäten für seine Stress-Signale und es macht endlich mal Sendepause von der ganzen „StressStressStress"-Dauersendung.

Wie du das genau machst, erfährst du in den folgenden Kapiteln. Denn jetzt geht es endlich los mit meinen Entspannungstricks!

KÖRPERLICHE ENTSPANNUNG – TRICK 1

Sterne pflücken ☆

Kennst du das noch von früher aus dem Sportunterricht oder orthopädischen Turnen? Heute heißt das Ergo- oder Physiotherapie, was irgendwie cooler klingt, aber die Übung ist gleichgeblieben: Strecke dich!

Stelle dich auf die Zehenspitzen und dehne und strecke deine Zehen und deinen Fuß so stark du kannst. Ziehe nun deine Körpermitte weit auseinander und nach oben. Und nun strecke deine Arme Richtung Himmel und strecke auch deine Hände und Finger – und greife nach den Sternen! ☆
Versuche die ☆Sterne ☆ vom Himmel zu pflücken!

Am besten stellst du dich dabei an die offene Haustür oder ans offene Fenster, dann versorgst du deinen Körper auch noch mit wunderbar frischem Sauerstoff.

KÖRPERLICHE ENTSPANNUNG – TRICK 2

Schütteln

Schüttle dich! Schüttle deinen ganzen Körper.
Arme, Beine, Körpermitte. Hände. Füße.
Nur der Kopf bleibt ruhig.
Vielleicht hörst du auch noch deinen Lieblingssong
dazu!
Nach drei Minuten Schütteln komm langsam zur
Ruhe und spüre in dich hinein. Was spürst du?
Spürst du vielleicht Wärme oder ein Kribbeln, das
deinen Körper durchläuft? Alles ist nun herrlich
entspannt!
Du kannst dich übrigens auch prima mit den
Kindern gemeinsam schütteln! Meistens fangen
dann auch noch alle an zu lachen, weil man
wirklich komisch dabei aussieht. Und was kann
besser gegen Stress sein als Lachen!? Also ein
toller Nebeneffekt!

KÖRPERLICHE ENTSPANNUNG – TRICK 3

Schultern loslassen

Nimm einmal deine Schultern und ihre Anspannung wahr. Sind sie vielleicht sogar ein Stück
hochgezogen?

Drück deine Schultern kräftig nach unten. Und
dann, mit dem Einatmen, ziehst du sie noch
kräftiger hoch zu den Ohren! Halte sie dort einen
Moment und dann lass sie fallen. Am besten mit
einem lauten Ausseufzen.

Das Schöne an dieser Übung: Man kann sie
wirklich überall machen!
Neulich war es bei mir so: Kind 1 zum
Gitarrenunterricht gebracht, schnell zurück nach
Hause um zu sehen, ob sich Kind 2 und 3
inzwischen nicht stranguliert haben oder bösen
Menschen die Tür geöffnet haben, Kind 1 wieder
vom Gitarrenunterricht abgeholt, unterwegs Kind
2 angerufen, es soll sich fertig machen für Ballett,
Kind 1 gegen Kind 2 ausgetauscht, Kind 2 zum
Ballett gebracht, wieder zurück nach Hause, Kind
3 eingesammelt für den Malkurs, Kind 2 vom
Ballett abgeholt, Kind 1 angerufen und los-
geschickt zum Karate, Kind 3 beim Malkurs
abgesetzt, Kind 1 ruft an, beim Karate seien nur
kleine Kinder, das wäre peinlich, Kind 1 erlaubt
wieder nach Hause zu fahren. Folglich ich mit

Kind 2 nicht mehr Geburtstagsgeschenk für die Freundin gekauft, was praktisch gewesen wäre, steht also immer noch auf meiner Liste, sondern nach Hause gefahren, Kind 1 reingelassen, Kind 2 auch dagelassen.

Jetzt musste ich nur noch Kind 3 vom Malkurs anholen. Und auf dieser letzten Etappe war es dann so, dass ich merkte:

Ich war ECHT GESTRESST. Das war zu viel.

Ich saß im Auto und hatte Sorge, zu spät beim Malkurs anzukommen. Es war viel Verkehr, vielleicht würde ich keinen Parkplatz finden ... Es ratterte wieder in meinem Kopf. Und dann sagte ich mir: Halt! Stopp! Schultern loslassen! Während des Autofahrens, an einer roten Ampel. Ganz entspannt. Das war herrlich.

Und ich war pünktlich beim Kurs um mein Kind abzuholen.

Versuch du doch auch diese Entspannungs-Übungen wo es nur geht in deinem Alltag einzubauen!

KÖRPERLICHE ENTSPANNUNG – TRICK 4

Augenentspannung

Du beanspruchst deine Augen sehr stark: Fernsehen, Computer und vor allem – Smartphone, Smartphone, Smartphone.
Also: Entspanne deine Augen!

Stell dich an ein Fenster und sieh weit in die Ferne. Vielleicht siehst du dort sogar eine grüne Baumkrone. Grün wirkt zusätzlich entspannend auf deine Augen. Wenn nicht, dann schau einfach in die Ferne und lass deinen Blick dort für eine Weile ruhen. Versuche mit deinen Gedanken ganz bei dem zu sein, was du dort siehst.

Schließe nach etwa einer Minute langsam deine Augen und massiere mit Daumen und Zeigefinger eine weitere Minute sanft deine Nasenwurzel.

Lass deine Augen geschlossen. Reibe nun deine Handflächen aneinander, bis sie warm werden. Dann bedeckst du deine Augen mit deinen Handflächen. Spüre die Wärme, die von ihnen ausstrahlt und in deine Augen eindringt. Spüre die Dunkelheit. Lass deine Hände so lange auf deinen Augen liegen, wie es sich gut anfühlt. Dann nimmst du sie herunter und öffnest deine Augen ganz langsam und spürst noch ein wenig nach.

KÖRPERLICHE ENTSPANNUNG – TRICK 5

Kiefer lockern

Spüre mal zu deinem Kiefer: Ist er angespannt? Knirschst du vielleicht nachts sogar mit den Zähnen?

Die Kiefermuskeln sind direkt im Gehirn mit dem limbischen System verbunden. Das limbische System verarbeitet unsere Emotionen. Sind wir angespannt, dient der Kieferschließmuskel unserem System als Blitzableiter. Er verkürzt und verspannt sich und das wiederum führt zu Kopf-, Nacken- und Rückenschmerzen. Oder zu abgeschliffenen, heruntergekauten Zähnen.

Öffne deinen Mund und lege den Daumen der einen Hand an die oberen Schneidezähne, den Mittel- und Zeigefinger der anderen Hand auf die unteren Frontzähne. Ziehe nun den Kiefer auseinander und dehne so die Muskulatur bis zu 30 Sekunden.

Lass dann los und spüre nach.

KÖRPERLICHE ENTSPANNUNG – TRICK 6

Zungenentspannung

Wo ist eigentlich gerade deine Zunge? Am Gaumen? Da klebt sie nämlich meistens ziemlich hartnäckig und – ist angespannt.

Lege deine Zunge bewusst ganz locker auf den Zungengrund und versuche sie dort liegen zu lassen.

Konzentriere dich nur darauf. Dass deine Zunge locker gelöst in deinem Mund liegt. Atme ruhig und bleibe mit den Gedanken bei deiner Zunge. Vielleicht kannst du fühlen, wie sie ganz leicht deine Zähne berührt. Oder du fühlst den Kontakt zum Zungengrund.

Versuche mit deinen Gedanken nur bei deiner Zunge zu bleiben. Wenn deine Gedanken abdriften – etwa zu deinem Einkaufszettel und dass du vergessen hast, Butter darauf zu schreiben – dann lass deine Gedanken ziehen und kehre mit deinen Gedanken wieder zurück zu deiner Zunge.

KÖRPERLICHE ENTSPANNUNG – TRICK 7

Fußmassage

Schläfst du abends schlecht ein? Auch ein guter Schlaf ist wichtig für deine Entspannung!

Mein ultimativer Trick: Füße einölen. Eine richtige Fußmassage funktioniert natürlich noch besser. Das erdet dich und deine Gedanken.

Ich nehme am liebsten das wunderbare Vata-Ayurveda-Öl. Melisse- oder Lavendel-Öle sind auch gut geeignet. Hast du das alles nicht zur Hand, nimm einfach das Olivenöl aus der Küche!

Setze dich bequem hin und dann konzentriere dich ganz auf deine Füße. Deine Füße, die dich den ganzen Tag tragen. Unsere Füße sind unser Fundament, aber wir schenken ihnen viel zu wenig Beachtung. Das tust du jetzt!

Und du tust das einfach so, wie es sich gut anfühlt. Nimm einen deiner Füße und drücke und massiere ihn ganz sanft oder drücke etwas kräftiger. Wie es für dich angenehm ist. Vergiss auch die Zehen nicht. Du kannst auch etwas an jedem einzelnen Zeh ziehen und ihn in seinem Gelenk ausschütteln.

Dann wechselst du den Fuß.

Während du das tust – sei in Gedanken ganz bei deinen Füßen. Sie haben es verdient.

✦ ATMUNG

„Tief durchatmen" – diesen Trick kennt eigentlich jeder. Also, nicht wie Darth Vader, das ist kontraproduktiv. Für einen selbst und für die Kinder auch, wenn die gerade danebenstehen. Und das tun sie ja meistens in einer Stress-Situation. Das kann dann sehr furchteinflößend sein. Aber Spaß beiseite:

Wenn wir Stress haben, ist es wichtig, dass unser Körper mit viel frischem Sauerstoff versorgt wird. Der wird über die Lunge aufgenommen und dann ans Blut abgegeben und so überallhin transportiert.

Unsere Atemfrequenz erhöht sich automatisch bei Stress, weil der Körper registriert: „Stress! Ich brauche Sauerstoff!"

Aber leider bedeutet das nicht, dass wir auch RICHTIG atmen. Nämlich tief ein! Und noch tiefer aus.

Damit können wir den Stress-Prozess umkehren. Nämlich: Stress → du atmest **unbewusst** schneller → deine Herzfrequenz steigt → deine Muskeln spannen sich an → du atmest **bewusst** langsam → dein Körper und dein Geist können entspannen.

Dabei passiert folgendes: Wenn wir langsam und bewusst atmen, deaktiviert sich das sympathische Nervensystem, das dafür zuständig ist, den Körper bei Gefahr für Flucht und Kampf bereit zu machen. Und Stress wertet der Körper wie Gefahr.

Durch das bewusste Atmen wird hingegen das parasympathische Nervensystem aktiver und der Körper schaltet automatisch um in den Ruhe- und Erholungsmodus.

Um das zu erreichen, gibt es verschiedene, einfache Tricks, die ich dir auf den folgenden Seiten vorstelle.

ATMUNG – TRICK 1

Ausseufzen

Das ist mein Lieblingstrick. Den mache ich auch manchmal mit den Kindern. Und er geht richtig schnell:

Atme tief ein und ziehe dabei Schultern mit hoch. Dann die ganze Luft stoßartig laut „rausseufzen" und Schultern dabei fallenlassen. Und gleich nochmal.

Das entspannt Schultern, Kopf und Geist und geht wirklich in jeder Situation:
Wenn du gerade die gefühlt 17. E-Mail der Schule im Postfach entdeckst, wenn du morgens beim Pausenbrote schmieren merkst, dass du keine Butter mehr im Haus hast, wenn du vor dem Fußball-Training auf das Kind wartest und der Trainer mal wieder gnadenlos überzieht und dein Kopf rattert und rattert, weil dir die Zeit wegläuft für die Dinge, die du noch erledigen musst.
Dann: tief einatmen, Schultern mit hochziehen und rausseufzen. Und nachspüren. Spüre wie du die ganze Anspannung stoßartig aus dir herausatmest. Spüre wie du nun in deiner Brust Platz hast für herrlich frische Luft.

ATMUNG – TRICK 2

„Ich bin"-Atmung

„Ich bin." Das suggeriert dir, dass alles gut ist, weil du bist. Nur wenn du bist, wenn du für dich sorgst und bei dir bist, nur dann kannst du auch gut für deine Kinder sorgen.

Atme tief ein und sage dabei in Gedanken das Wort „ich". Halte kurz inne und atme dann aus, wobei du dir dabei sagst: „bin".

Bleib mit deiner Aufmerksamkeit und deiner Konzentration ganz bei diesen Worten: „ICH BIN." Spüre in dich hinein, spüre die Energie in deinem Körper und sei ganz bei dir. Es ist egal, was morgen ist, es ist egal, was gestern war. Was gleich noch alles sein wird, spielt jetzt auch keine Rolle. Du bist. Und du bist jetzt. Und jetzt ist alles gut.

ATMUNG – TRICK 3

Bewusstes Atmen

Mit dieser Übung wird nicht nur dein Körper, sondern auch dein Geist entspannter.

Atme langsam und tief in den Bauch ein und versuche dann mindestens doppelt so lange auszuatmen. Zähle zum Beispiel beim Einatmen bis 4, halte den Atem kurz und zähle dann beim Ausatmen bis 8.

Dein Atem wird dabei von Mal zu Mal tiefer und dein Körper wird herunterreguliert. Dein Herzschlag. Deine Gedanken.

Versuche nichts zu denken, nur deinen Atem zu spüren. Wenn deine Gedanken abdriften – nicht schlimm. Dann kehre zu deinem Atem zurück.

✦ ACHTSAMKEIT

Wenn wir Stress haben, bekommen wir zunächst einen Energieschub. Dafür muss das Herz ran – es pumpt ordentlich Blut in Arme und Beine, damit die besser mit Sauerstoff versorgt werden. Vielleicht kennst du das? Du hast Stress und dein Herz rast und klopft wie wild.

Wie bremsen wir das Herz also wieder runter? Durch Entspannung!

Und Entspannung beginnt im Kopf.

Durch bewusstes Wahrnehmen können wir unsere Aufmerksamkeit weglenken von den Stress-momenten und hinlenken zu schönen Dingen: Der Duft der Tasse Kaffee am Morgen, die Sonnenstrahlen, die durch den Vorhang ins Zimmer dringen, ein Kinderlachen. Wenn du erst einmal darauf achtest, wirst du viele schöne Kleinigkeiten finden, selbst wenn du einen stressigen Tag vor dir hast!

Achtsamkeit bedeutet also, dass ein Moment bewusst erlebt wird. Aber bei Achtsamkeit geht es nicht nur um die Dinge im außen, sondern auch und vor allem um dich: Was machst du gerade? – Was fühlst du dabei? – Wie fühlst du dich dabei?

Dabei versuche nicht zu bewerten, denn da kommt wieder dein Kopf ins Spiel. Und den wollen wir unbedingt außen vorlassen. Versuche einfach nur wahrzunehmen und zu fühlen.

ACHTSAMKEIT – TRICK 1

Bewusste Wahrnehmung

Konzentriere dich bei einer banalen, alltäglichen Tätigkeit voll und ganz auf das, was du tust. Zum Beispiel beim Duschen: Spüre, wie die Wassertropfen an dir herunterrinnen und auf deine Haut prasseln. Spüre wie die feuchte Luft in deine Nase und deinen Lungen eindringt. Lausche dem Rauschen des Wassers. Versuche keine anderen Gedanken zuzulassen!

Oder beim Blumengießen: Lausche dem Wasserstrahl oder dem Rascheln der Blätter, die vom Strahl getroffen werden. Höre, wie das Wasser versickert. Lass das Grün der Blätter in deine Augen eindringen und versuche den Duft der Pflanzen zu atmen.

Genauso geht das auch beim Kochen oder Bügeln oder Zähneputzen. Oder jetzt: Wie fühlt sich der Stuhl oder der Sesel an, auf dem du sitzt? Hart oder weich? Warm oder kalt? Ist dir warm oder kalt? Was riechst du? Was siehst du? Schau einmal auf und nimm ganz bewusst deine Umgebung wahr. Was hörst du gerade? Hörst du die Vögel draußen zwitschern? Hörst du die Waschmaschine brummen?

Bleib ganz fokussiert bei dem was du fühlst, siehst, hörst, riechst, vielleicht sogar schmeckst – dann entspannen auch Geist und Seele.

ACHTSAMKEIT – TRICK 2

Bewusstes Zählen

Zähle langsam von Zehn herunter bis zur Null und atme dabei bewusst:

Beginne mit der Zehn. Schreibe „zehn" in deinen Gedanken als Wort mit einem imaginären Stift auf ein imaginäres großes, weißes Blatt Papier und atme dabei ein. Dann atmest du noch tiefer aus und betrachtest dabei in Gedanken die Zehn, die du (in Gedanken) aufgeschrieben hast.

Dann mache weiter mit der „Neun". Und immer so weiter.

Wenn du bei der „Null" angelangt bist, bleibe noch eine Weile bei dir und spüre, wie sich deine Gedanken entschleunigt haben und dein Herz ruhiger schlägt.

ACHTSAMKEIT – TRICK 3

Zeitlupe

Wenn du merkst, dass du gerade super hektisch bist, dass du etwa beim Kochen gerade wie wild mit dem Kochlöffel im Topf herumrührst – dann mach doch mal alles ganz langsam und fließend. In Zeitlupe. Nur für eine Minute!
Das ist gar nicht so einfach. Kontrolliere dich genau und lass keine noch so winzig kleine, schnelle Bewegung zu.

Dieses bewusste Runterbremsen deiner Bewegungen schaltet auch unser Gedankenkarussell einen Gang herunter. Und das ist wirklich total wohltuend.

ACHTSAMKEIT – TRICK 4

Dankbarkeit

Positives Denken entspannt unser Gehirn und der Stress fällt von uns ab.

Überlege dir **drei** Dinge, für die du an diesem Tag dankbar bist.
Du kannst das jederzeit zwischendurch machen, um dich ins positive Denken zu bringen.
Am besten startest du damit aber gleich morgens. Das bringt dich für den Start in den Tag in eine positive Grundstimmung. Und dann nochmal abends, bevor du ins Bett gehst. So schläfst du mit positiven Gedanken ein. Und was könnte besser sein für angenehme Träume?!

Es können drei auf den ersten Blick ganz banale Dinge sein, für die du dankbar bist. Auch Kleinigkeiten zählen. Dein schönes Zuhause, deine Gesundheit, deine Kinder, Zeit für eine Tasse Tee, der Anruf einer Freundin, etc.
Überlege direkt jetzt, wofür du heute dankbar bist. Dir fallen sicher ganz wunderbare Dinge ein!
Wiederhole das nochmal heute Abend vor dem Schlafen gehen und dann gleich wieder morgen früh.

ACHTSAMKEIT – TRICK 5

Affirmationen

Affirmationen sind positive Glaubenssätze, die dir helfen ein positives Selbstbild zu entwerfen.

Viele Menschen hängen in negativen Glaubenssätzen fest: „Ich schaffe das nicht.", „Ich bin nicht liebenswert.", „Alle sind immer gegen mich."

Dieses Programm läuft in meisten Teilen unbewusst ab und das ist natürlich nicht hilfreich.

Hilfreich dagegen sind bejahende Glaubenssätze, also positive Affirmationen, die dich stärken und dich seelisch aufbauen. Und die können wir ganz bewusst in unser Unterbewusstsein einpflanzen. Wer sein Denken auf diese Weise dauerhaft verändert, der verändert mit der Zeit auch sein Verhalten und seine Emotionen.

Für unsere Affirmationen hier gilt: Es geht darum, Stress zu reduzieren. Dabei müssen sich die Affirmationen „wahr" anfühlen. Wenn du also sagst: „Ich bin tiefenentspannt." und denkst dabei: „Puh, wie soll ich das heute nur wieder alles schaffen?!" – dann funktioniert das nicht. Du musst eine Formulierung für dich finden, die deiner Empfindung möglichst nahekommt und dennoch positiv ist.

Wenn sich die Sätze, die ich ausgesucht habe, für dich nicht richtig anfühlen, dann formuliere sie um. Am einfachsten ist es mit dem Trick zu sagen „Ich bin auf dem Weg ..." dies und das zu werden.

Zum Beispiel habe ich den Satz ausgesucht: „Ich bin gesund und kräftig."

Wenn sich das falsch anfühlt, könntest du sagen: „Ich bin auf dem Weg, Tag für Tag gesünder und kräftiger zu werden."

Oder du suchst dir völlig eigene Sätze aus.

Die Sätze, die ich dir ans Herz lege, lauten so:

Ich bin glücklich.
Ich bin gesund und kräftig.
Ich atme langsam und tief und fülle mich mit Gelassenheit.
Ich bin ruhig und entspannt.
Heute ist ein schöner Tag.

Sprich die Sätze laut und deutlich aus und versuche dich in ihre Bedeutung hineinzufühlen.

Mein Tipp dazu: Sprich die Affirmationen am besten direkt nach dem Aufstehen, dann ist dein Gehirn noch besonders empfänglich für solche „Programmierungen" und du stimmst dich positiv für den Tag.

Auf der folgenden Seite habe ich eine Liste für dich mit weiteren schönen Affirmationen. Schau doch mal, ob du dort noch weitere Sätze findest, die sich für dich gut anfühlen!

Affirmationen

Ich bin ruhig und entspannt.

Ich lasse alle Spannungen aus meinem Geist und Körper los.

Selbst unter Zeitdruck bleibe ich entspannt und achtsam.

Wenn ich ausatme, verlässt der Stress meinen Körper.

Ich habe die Kontrolle über mein Stressniveau.

Ich kann Stress-Situationen leicht überwinden.

Ich spüre meinen inneren Frieden.

Anforderungen lassen mich wachsen.

Ich hole mir Hilfe, wenn ich allein nicht weiterkomme.

Entspannt zu sein, ist mein normaler Zustand.

Einige Dinge kann ich nicht ändern und das ist in Ordnung so.

Ich darf auch Fehler machen.

Selbst unter Zeitdruck bleibe ich entspannt und achtsam.

Alles ist gut, wie es ist.

Ich bin im Hier und Jetzt und hier und jetzt ist alles gut.

Ich bin genau richtig, so wie ich bin.

Meine Gedanken sind richtig.

Ich sage, was ich denke.

Meine Gefühle sind richtig.

Ich sage, was ich fühle.

Ich bin immer und zu jederzeit die beste Version meiner Selbst.

Ich bin eine positive Person und ich ziehe positive Dinge an.

Ich bin friedlich und zentriert.

Ich bin stark und selbstbewusst.

Ich liebe mich so, wie ich bin.

Ich lasse all meine Sorgen und Ängste los.

Ich tue das Beste, was ich kann.

ACHTSAMKEIT – TRICK 6

Mülleimer

Schreibe in Stichworten auf einen Zettel, was dich gerade nervt oder stresst. Das Geschrei der Kinder, die To-Do-Liste im Kopf, die immer länger wird, die piepende Waschmaschine, die ständigen Termine und Kurse ...

Wenn du alles aufgeschrieben hast, lies den Zettel noch einmal durch, knülle ihn kräftig zusammen und pfeffer ihn mit aller Kraft in den Mülleimer. Spüre, wie befreiend das wirkt!

ACHTSAMKEIT – TRICK 7

Düfte

Duftlampen, Duftkerzen, Duftöle ... – Über Gerüche können wir unser Gehirn auch positiv stimulieren. Versuch es doch mal mit einem der folgenden entspannenden Düfte:

Lavendel, Melisse, Anis, Orange, Vanille, Jasmin oder Zedernholz.

Es gibt auch schöne Mischungen. Ich mag zum Beispiel „Happy Mind" von Primavera.

✦ FERNÖSTLICHE HEILKUNST

Asiatische Heilmethoden konzentrieren sich stark auf die Vorbeugung. Nach ihrem Verständnis entstehen Krankheiten aus einem Zusammenspiel von körperlichen und seelischen Faktoren. Dabei sind Körper und Seele nicht so scharf voneinander getrennt wie im westlichen Denken.
Aus der asiatischen Medizin kennen wir auch viele Heilkünste, die sich mit Entspannung beschäftigen. Yoga zum Beispiel. Oder Meditation. Studien haben tatsächlich bewiesen, dass regelmäßige Meditation die Gehirnstruktur so verändert, dass man resistenter ist gegen Stress.
Ähnlich ist es mit Qi Gong oder Tai Chi. Durch die langsamen Bewegungen und die nötige Konzentration wird der Geist beruhigt, also der Kopf. Dort ist dann kein Raum mehr für deine Gedanken.

Aber.

Das hilft dir jetzt nicht.
Denn du hast nur drei Minuten, bis – du die Kinder abholen musst. Zum Beispiel.
Bis das Essen auf dem Tisch stehen muss.
Bis die Waschmaschine piept.

Bis Kind 1 fragt, ob du Englisch erklären kannst,
bis Kind 2 kommt und fragt, ob du helfen kannst,
den Bastelkleber zu suchen
oder bis Kind 3 kommt und fragt, ob du etwas
vorlesen kannst.

Und für diese drei dir verbleibenden Minuten gibt
es tatsächlich auch aus Fernost spannende Tricks
zur schnellen Entspannung – in weniger als drei
Minuten.

FERNÖSTLICHE HEILKUNST – TRICK 1

Zentralstrombehandlung

Diese Behandlung kommt aus dem Jin Shin Jyutsu. Dabei legst du deine rechte Hand auf deinen Kopf auf den Scheitel, die Finger der linken Hand legst du auf die Mitte deines Brustbeins.

Lass deine Hände etwa drei Minuten so liegen. Atme dabei ganz ruhig und versuche nicht darüber nachzudenken, was du nachher zum Essen machen könntest, oder was du noch einkaufen musst, oder oder oder ... – sondern, versuche nur deinen Atem und deine Hände zu spüren. Dich zu spüren.

Wenn du dann am Ende der Übung deine Hände herunternimmst, spüre noch eine Weile nach und in dich hinein.

Bei mir wirkt diese Übung wie ein Power-Nap! Wie ist es für dich?

FERNÖSTLICHE HEILKUNST – TRICK 2

Fingergriff

Eine andere Methode aus dem Jin Shin Jyutsu sind die „Fingergriffe". In jedem unserer Finger beginnen und enden mehrere Energieströme, die mit dem gesamten Körper verbunden sind. Dies ist eine alte, meist unbewusste Weisheit, die im Menschen tief verborgen liegt. Viele Menschen halten in Situationen, in denen sie angespannt oder ängstlich sind, intuitiv ihre Hände oder Finger, um sich zu beruhigen. Vielleicht kennst du das auch?

Durch das Halten der Finger wird der ganze Körper harmonisiert. Dazu hält man mit der einen Hand die Finger der anderen Hand, einen Finger nach dem anderen.

Um Stress abzubauen, nehmen wir in dieser Übung aber nur den kleinen Finger: Umschließe mit den Fingern deiner rechten Hand für 10 bis 20 Atemzüge locker den kleinen Finger der linken Hand.

Wechsle dann die Hände.

Dies soll Energien ins Gleichgewicht bringen und Unruhezustände und Hektik vertreiben. So wirst du gelassener und gelöst.

Probiere das doch gleich mal aus!

FERNÖSTLICHE HEILKUNST – TRICK 3

EFT Klopftechnik

EFT ist die Abkürzung für **E**motional **F**reedom **T**echnique und diese Methode kombiniert Elemente aus der Traditionellen Chinesischen Medizin mit der Modernen Psychologie.

Bei dieser Akkupressur-Technik werden ganz bestimmte Meridianpunkte deines Körpers stimuliert, also Energie-Knotenpunkte.

Stelle oder setze dich für diese Übung aufrecht hin und klopfe sanft mit den Fingerspitzen auf dein Brustbein. Du kannst mit einer Hand klopfen oder im Wechsel mit den Fingern beider Hände.

Durch das Klopfen stimulierst du die dort sitzende Thymusdrüse, die zum lymphatischen System gehört. Durch regelmäßige Anwendung dieser Entspannungstechnik wirst du nicht nur gelassener, auch dein Immunsystem wird gestärkt und du bekommst mehr Energie.

Du kannst verstärkend auch Affirmationen laut dazu sprechen. Du kannst aber auch einfach nur klopfen und reinfühlen. Mach das zwei bis drei Minuten lang und schaue dann, wie es dir geht.

Merkst du, wie du innerlich ruhiger geworden bist? Vielleicht spürst du sogar, wie du wieder etwas Energie getankt hast!

✦ WIE BAUE ICH DIESE SCHNELLEN ENTSPANNUNGS-TRICKS IN MEINEN ALLTAG EIN?

Sind Mami und Papi entspannt, sind auch die Kinder entspannt. Ich habe dir jetzt einen ganze Menge Tricks für schnell mal zwischendurch vorgestellt. Aber wie ist das dann im Alltag?

Bei mir war es so: Ich hatte mir alle diese Tricks zusammengesucht und – war immer noch gestresst. Weil ich vor lauter Stress vergessen hatte, diese Tricks anzuwenden!

Daraufhin habe ich mir die Tricks stichpunktartig auf kleine Zettel geschrieben und habe die dann in ein kleines hübsches Schälchen gelegt. Daraus habe ich mir jeden Morgen drei Zettel gezogen und habe dann versucht über den Tag verteilt jeden dieser drei Tricks einmal anzuwenden.

Dadurch kommst du nach und nach in einen Automatismus und inzwischen funktioniert es bei mir auch ohne diese Erinnerungsstütze.

Wenn du magst, schneide dir die Entspannungs-Tricks auf der folgenden Seite aus, klebe sie auf bunte Pappe und mach es wie ich:

Lege die Kärtchen in eine schöne Schachtel oder Schale und ziehe dir jeden Morgen drei davon heraus. Vielleicht schaffst du es über den Tag verteilt einen der Tricks davon umzusetzen. Und vielleicht ja sogar alle drei!

Ausseufzen	Bewusstes Zählen
Ich bin-Atmung	Fußmassage
Zeitlupe	Apfelpflücken
Affirmationen	Dankbarkeit
Mülleimer	Kiefer lockern
Schultern loslassen	Düfte
Bewusstes Atmen	Schütteln
Augenentspannung	Klopftechnik
Zentralstrom-Behandlung	Bewusste Wahrnehmung
Zungenentspannung	Fingergriff

Ich würde mich total freuen, wenn es bei dir in Zukunft so läuft:

Du wartest vor dem Fußballplatz auf dein Kind und der Trainer ruft raus: „Es dauert noch zehn Minuten!" – Dann wünsche ich dir, dass du sagst: „Juchhu! Das ist MEINE Zeit!"

Denn jetzt hast du Zeit für dich. Du kannst jetzt bewusst atmen: „Ich bin", oder atmend runterzählen, oder oder oder. Du kennst jetzt einen ganze Menge Tricks!

Tatsächlich bremsen mich diese schnellen Tricks schon so runter, dass ich inzwischen so entspannt bin, dass ich auf einmal sogar Zeit zum Meditieren habe. Ich weiß nicht, woher diese Zeit kommt. Was ich weiß ist: Entspannt – und positiv! – ist einfach besser.

Wenn du noch etwas Unterstützung und Anleitung brauchst für die Umsetzung meiner Schnell-Entspannungstricks – unter folgendem Link findest du zu meinem Online-Kurs „**Stressfrei in unter 3 Minuten**". Schau doch mal vorbei!

>> *www.bonuspunkteplan.de/kurs* <<

DAS BONUSPUNKTESYSTEM

✦ EIN TAG IM CORONA-LOCKDOWN

An dem Tag, an dem mir klar wurde, dass ich Hilfe brauchte und dass diese Hilfe nur aus mir selbst herauskommen konnte, begann ich zunächst darüber nachzudenken, für wen eigentlich die so genannte Notbetreuung ist. Genau! Du hast es schon erraten: Wir hatten gerade Lockdown. Corona-Pandemie-Lockdown. Meine drei Kinder waren in Not und ich war mindestens ebenso, wenn nicht noch mehr in Not.

Und dann lief es so ab:

In meine Überlegungen hinein, wie das nun ist mit der Not und der Betreuung, trudelt eine Mail der Grundschule ein, dass man die Kinder möglichst nicht in die Notbetreuung schicken soll. Wegen der Kontaktbeschränkungen sollen die Kinder zuhause „betreut" werden. Betreut? Ich lache grimmig auf. Ich betreue nicht. Ich bin Lehrerin für drei verschiedene Klassenstufen:

Ich versuche mir nebenbei reinzuziehen, wie das nochmal mit der Division beim Bruchrechnen war; versuche zu verstehen, warum Fledermäuse mit ihrem Ultraschall dichtbefellte Nachtfalter nicht erfassen können, um es dann dem Sechstklässler verständlich zu erklären. Nebenbei versuche ich der Erstklässlerin beizubringen, wie man einen Stift richtig hält, da von keinem der Lehrer im ersten Schulhalbjahr festgestellt wurde, dass sie den Stift mit der rechten Hand wie eine Linkshänderin hält. Ich versuche alle drei Kinder zu motivieren und achja, zu motivieren und dann noch zu motivieren und schlage schnell nach, wie das nochmal mit den adverbialen Bestimmungen war. Und mache eine Liste, welche Schulmaterialien fehlen, die man ja wegen des Lockdowns nicht mal eben so beim Laden um die Ecke kaufen kann, sondern im Internet bestellen muss, was dann ja auch wieder dauert, was zum Beispiel bei der Griffhilfe für die richtige Stifthaltung wirklich blöd ist.

Nebenbei versuche ich sieben verschiedene Mails der Schulen und ihren Inhalt zu sortieren – in welchem Fach welche Blätter, Mappen oder Hefte zu welcher Uhrzeit wo an der Grundschule abgegeben werden müssen, welche der Unterlagen per Mail geschickt werden sollen, welche der schon bearbeiteten Unterlagen zuhause bleiben müssen, weil sie noch weiterbearbeitet werden sollen und wo an der Schule ich wann neue Unterlagen für welches Kind abholen muss.

Parallel tröste ich die verzweifelte Erstklässlerin, die herzzerreißend vor sich hin schluchzt: „Warum muss ich denn das alles machen?! Ich muss SO VIEL machen, ich bin nicht so ein Macher ...“ Ich erkläre ihr heute zum vierten Mal, dass das keine Hausaufgaben sind, sondern dass das Schule ist. Also, anstelle von Schule. „Deswegen sind das mehr Aufgaben, als du sonst aufhast“, erkläre ich und weiß, dass sie morgen wieder stöhnen und fragen wird: „Warum muss ich denn so viele Hausaufgaben machen?"

Dafür hat sie jetzt etwas ganz Aufregendes – ihr erstes Online-Meeting mit der Klasse. Sie will nicht so richtig. „Wir machen das zusammen", versuche ich sie zu – ja, genau! – MOTIVIEREN. Wir müssen der Viertklässlerin das iPad wegnehmen, das sie braucht, um ihre Aufgaben vom sogenannten „Padlet" zu machen. „Was mach' ich denn dann?", kreischt sie, „ich muss doch weitermachen, ich werde sonst NIE fertig! Das ist SO VIEL!" Wieder Tränen. Ich tröste. Schnappe mir dann die Erstklässlerin und das iPad und wir versuchen uns einzuloggen – drei Minuten zu spät. Die Klasse hat schon angefangen. Mit was, verstehe ich nicht, weil ich versuche die Kamera zu aktivieren. Das Mikro immerhin geht. Es klingelt an der Tür. „Nicht weggehen, Mami!", jammert die Kleine. Der Sechstklässler brüllt: „Die Pohoooost!"

Die Kinder dürfen nicht aufmachen, wenn Fremde klingeln. „Ja!", brülle ich zurück, „Ja! Mist! Ich ... EGAL!!!! Lass es klingeln!" Der Lehrer bittet die Erstklässlerin ihr Mikro auszustellen. Au backe. Das war peinlich.

Sie soll ins Chatfenster eine „8" schreiben, wenn sie nach 8 Uhr aufgestanden ist.

„Wo ist das Chatfenster?", frage ich mich und die Erstklässlerin. Sie schaut mich mit großen Augen an. Achja. Chat. Fenster. Die Kleine hat keine

Ahnung, was diese Vokabeln bedeuten. Ich schreibe eine „8" ins gefundene Chatfenster und setze an Punkt 137 der gedanklichen To-Do-Liste: Der Kleinen einen Computer-Crashkurs geben.

„Das klappt doch schon ...", höre ich den Lehrer sagen. Mehr höre ich nicht. Die Technik hakt und wir werden aus dem Meeting geworfen. Ich logge uns neu ein, der Große steht in der Tür: „Mami, ich verstehe Englisch nicht! Und in Religion soll ich einen Schuhkarton in ein „Anne Frank"-Museum umbauen. Hast du einen Schuhkarton?"

„Ja, warte, gleich!", sage ich und versuche zu verstehen, was man jetzt wieder in das Chatfenster schreiben soll. Endlich geht auch das Videobild. Ich sehe mich zum ersten Mal an diesem Morgen an. Ich sehe aus, wie gerade aus der Dusche gekommen. Nur dass ich dazu gar keine Zeit hatte. Zum Duschen. „Schuhkarton, Schuhkarton", denke ich „wo habe ich bloß einen Schuhkarton?" Wir fliegen wieder aus dem Meeting. Die Viertklässlerin brüllt: „Wann kriege ich das iPaaaaaaaad?" Ich seufze und sage zu der Kleinen: „Wir lassen das jetzt mal. Das war doch schon ganz toll, nächstes Mal klappt es sicher besser." Sie sieht irgendwie traumatisiert aus. „Mami, ich glaube ich will das nicht nochmal machen." Ich streiche ihr über den Kopf. Mir gehen die Worte aus. „Da siehst du doch die anderen alle", versuche ich es.

„Aber nicht in ECHT!", schluchzt sie.

Ich bringe der Viertklässlerin das iPad, helfe dem Sechstklässler bei Englisch. Die Kinder bräuchten dringend eine pädagogisch ausgebildete Person. Ich weiß nicht, wie man die Wahrscheinlichkeit von Augensummen berechnet und verständlich erklärt. Ich weiß, wie man den Kindern Liebe gibt. Denn ich bin Mutter und keine Lehrerin.

„Möchtest du nicht mal Pause machen?", frage ich den Großen. „Nein, ich will fertig werden!", schnaubt er und fügt an: „Ich freue mich nie auf den nächsten Tag. Da wartet immer nur dieser Berg an Aufgaben auf mich und ich sitze hier stundenlang allein an meinem Schreibtisch. Es ist alles so trostlos." Ich drücke ihn einmal fest und laufe dann im Dauerlauf in den Keller um einen Schuhkarton zu suchen. Ich muss mich beeilen, um bei der Erstklässlerin gleich nochmal die Stifthaltung zu kontrollieren. ‚Eine Pause', denke ich, ‚ich brauche dringend eine Pause'.

Ich finde einen Schuhkarton, schaue nebenbei nochmal schnell auf mein Handy und bleibe abrupt stehen, weil ich fassungslos den Gute-Laune-Klassenchat der Erstklässlerin überfliege: „Wie war das schön mal alle im Meeting zu sehen", „das hat ja suuuuuuuper geklappt", Blümchen und lächelnde Smiley-Emojis überhäufen sich und dann noch ein süßes Foto der einen Klassenkameradin mit ihrem wunderschön gebastelt und gestalteten „Apfel-Lapbook"! Ach, wie ist die Welt doch heile bei allen anderen. Nur bei mir nicht. Ich mische etwas unüberlegt den Klassenchat auf und schreibe: „Ich verstehe nicht, wir Ihr alle so gut drauf sein könnt. Wir haben es nicht pünktlich zum Meeting geschafft, weil ..." – und hier schildere ich das hier schon bekannte Chaos. „Für einen Technikcheck habe ich wertvolle Zeit verplempert, in der mich meine Kinder gebraucht hätten. Es sind zu viele Aufgaben, meine Tochter ist unmotiviert und sie vermisst ihre Mitschüler. Ich sehe alle drei Kinder unter der Situation leiden. Sie weinen regelmäßig wegen der Schulaufgaben. Sie weinen sonst NIE wegen der Schule. Ich habe meinen Humor und mein Lachen verloren. Ich kann mich nicht darüber freuen, Eure Kinder ONLINE zu sehen. Das ist für mich absurd und traurig. Meine Kinder brauchen dringend echten, wirklichen Kontakt. Mit Anfassen und Anlächeln, ohne Maske. Aber schön, dass es bei Euch besser läuft."

Als das raus ist, fange ich an zu heulen und schließe mich im Klo ein, damit meine Kinder mich so nicht sehen. Danach geht es mir irgendwie besser. Im Chat passiert derweil etwas Erstaunliches: GRABESSTILLE. Nichts. Im Laufe der nächsten Stunde erhalte ich acht private Nachrichten und Anrufe von Müttern, denen es genauso geht. Sie bedanken sich. Ich hätte ihnen aus dem Herzen gesprochen, das hätte so gutgetan. Nicht eine traut sich, das direkt in den Chat zu schreiben.

Die erste Nachricht im Chat kommt dann zwei Stunden später: Eine Antwort auf die lächelndes-Kind-mit-Apfel-Lapbook-Idylle: „Oh wie niedlich! >lachendes Smiley mit Herzchenaugen<".

Mein Kopf schmerzt, ich habe ein Druckgefühl auf den Ohren und – eine Pause, denke ich, eine Pause wäre gut. Ich setze mich an den Schreibtisch neben die Erstklässlerin und schiebe ihre Hand und Finger behutsam in die richtige Position. Sie sagt: „Schule macht viel mehr Spaß mit den anderen Kindern." Dann drückt sie mich stürmisch und nuschelt in meinen Pulli: „Mami, ich hab dich sooooo lieb."

Noch neun Stunden durchhalten, denke ich. Noch neun Stunden. Dann ist der Tag endlich um.

✦ DAS BONUSPUNKTESYSTEM

Bei uns war also nicht zuletzt wegen des Corona-Lockdowns alles aus dem Ruder gelaufen. Ich ging auf dem Zahnfleisch und die Kinder auch. Jeder Tag glich dem vorherigen. Uns fehlte allen ein Anreiz.

Ich hatte das Gefühl, ich räumte nur noch hinter den Kindern her, machte Essen, räumte auf, machte die Wäsche, räumte auf, machte Essen ... Der Große vergaß ständig seine Vokabeln zu wiederholen, die Kleinste ließ sich bedienen und alles für sich machen und die Mittlere versuchte mich zu entlasten und mir zu helfen – während die anderen beiden ihr dabei zusahen.

Und so langsam entwickelte sich eine Idee in meinem Kopf, was hier Abhilfe schaffen könnte: Für mich Entlastung und für die Kinder etwas Aufregendes, Neues. So kam ich darauf, ein Bonuspunktesystem einzurichten. Ich grübelte darüber nach, googelte im Internet, recherchierte, was es an Bonussystemen für Kinder zu finden gab, befand das alles für nicht ausreichend und fing dann an, mein eigenes Bonuspunktesystem zu entwickeln.

Und dann war es fertig. Ich pinnte die Punkteaufkleber, die Punktetabelle und die Übersicht, welche Belohnungen es für wie viele Punkte gibt, an den Kühlschrank. Am Nachmittag, als die Kinder mit ihren Schulaufgaben fertig waren, erklärte ich ihnen das Bonuspunktesystem. Da die Kleinste noch nicht so gut lesen kann, hatte ich die Befürchtung, dass es für sie zu kompliziert war. Doch eine Stunde später hatte sie bereits sechs Punkte gesammelt und war damit stolzer Spitzenreiter – ihr Zimmer war aufgeräumt, ihr Bett war gemacht, meine Blumen waren gegossen, sie hatte Klavier geübt und beim Abendessen die verhassten Paprikastreifen aufgegessen.

Sie liegt punktemäßig immer noch vorn, aber die beiden Älteren sind dicht auf und bei allen Dreien ist auch nach Wochen die Begeisterung noch ungebremst.

Ich bin entlastet.

Und, um es auf den Punkt zu bringen:

Es läuft bei uns.

✦ SO FUNTKIONIERT DAS BONUSPUNKTESYSTEM

Kinder lieben Belohnungen. Wichtig ist dabei nur, ihnen genau zu erklären, warum und wofür es die Belohnungen gibt. Selbstverständliches wie Hausaufgaben oder Zähne putzen sollte nicht belohnt werden.

Das Bonuspunktesystem basiert darauf, dass es für unterschiedlichste Tätigkeiten Punkte zu sammeln gibt:

❖ Für alltägliche Hausarbeiten, von denen alle Familienmitglieder betroffen sind. Alle anderen profitieren also von dieser Arbeit, wenn sie erledigt wird.

❖ Für Zimmer aufräumen und Betten machen. Die Kinder lernen dadurch Ordnung zu halten und profitieren jeder für sich, weil das Spielen im aufgeräumten Zimmer auch wieder Spaß macht. Je öfter sie aufräumen, desto schneller lernen sie, wo etwas hingehört. So geht es immer schneller und läuft irgendwann ganz automatisch ab.

❖ Für Hausarbeiten, die dich als Mutter entlasten, wie Blumen gießen, Briefkasten leeren, etc. Alle profitieren auch hier, weil du entspannter bist.

❖ Für 10 Minuten Instrument üben. Der Anreiz ist größer auch wirklich zu üben und nicht nur das Instrument zu bespielen. Der Erfolg im Unterricht ist größer und darüber dann auch der Spaß.

❖ Für Tätigkeiten, von denen das jeweilige Kind schulisch profitiert wie lesen, zusätzliche Übungsaufgaben, etc.

❖ Für sportliche Übungen. Bewegung ist immer gut. Und Liegestütze oder Hampelmann geht auch in kleinen Zimmern.

Für jede der Aufgaben kann pro Tag nur ein Punkt gesammelt werden. Wenn der Briefkasten geleert ist, ist er leer. Nochmal das Briefkastentürchen öffnen gilt nicht. Das ist auch wichtig, um Streit zu vermeiden, etwa beim Tisch abräumen. Wer's zuerst gegen Ende der Mahlzeit sagt, darf den Tisch abräumen. Anmelden für die nächste

Mahlzeit gilt nicht. Denn hier ist die Gefahr zu groß, dass es bei dem Kind dann wieder in Vergessenheit gerät und am Ende doch wieder du als Mutter abräumen musst.

✦ GEWICHTUNG DER PUNKTEVERGABE

Je nach Aufwand und Anreiz gilt ein gesammelter Punkt 1 oder 2 Zahlenwerte. In unserem Bonussystem ist das durch unterschiedliche Farben gekennzeichnet. Grüner Punkt zählt 1, orangener Punkt zählt 2.
Grün (1) gibt es beispielsweise für Tisch abräumen oder Briefkasten leeren. Orange (2) für 20 Minuten lesen oder Leergut wegbringen. Der Zeitaufwand bzw. die Mühe ist hier größer, somit muss die Tätigkeit mit mehr Punkten belohnt werden.

✦ TAGESBONUS

Wer sieben Punkte an einem Tag schafft, bekommt einen Tagesbonus. Bei diesem verfallen die Punkte nicht! Bei uns ist dieser Tagesbonus eine Folge einer Serie, die alle Kinder mitsehen können. Das kann eine kleine Herausforderung sein, je nachdem wie groß der Altersunterschied der Kinder ist. Tierdokumentationen gehen immer. Bei unserer Alters- und Geschlechterstruktur (6 bis 12 Jahre) funktionieren gut Serien wie zum Beispiel:

- ❖ Pan Tau
- ❖ Eine lausige Hexe
- ❖ Avatar
- ❖ Die Welpenschule
- ❖ Mystery City
- ❖ Zorro (Serie von 1957)

Netflix und Co. sind hier ja quasi unerschöpflich.

✦ EINLÖSEN DER PUNKTE

Die verdienten Punkte können für verschiedene Aktivitäten eingelöst werden und verfallen dann wieder. (Ausgenommen beim Einlösen des Tagesbonus!) Das Schöne dabei ist, dass auch hier die ganze Familie von den eingelösten Punkten profitiert, weil dies alles **Gemeinschaftsaktionen** sind.

Die Zahl der nötigen Punkte für die Belohnungen wird je nach Aufwand und Kostenfaktor festgelegt.

Da alle Familienmitglieder bei den Belohnungen mit dabei sind, können sich die Kinder untereinander natürlich auch abstimmen, wer für was sammelt.

Wichtig ist, die Belohnung zeitnah umzusetzen. Wenn möglich, noch am selben Tag. Da die Kinder sich ohnehin schnell überlegen werden, für was sie sparen, ist gut abzusehen, wann sie ihre Belohnung erreicht haben, und man kann diese schon einplanen und gegebenenfalls vorbereiten.

✦ DIE BELOHNUNGEN

10 PUNKTE

❀ Gummibärchen selbst machen

Rezept: Gummibärchen selbst machen (vegan)

200ml Fruchtsaft
4 EL Agar-Agar
2 EL Zitronensaft
Honig, Zucker oder Agavendicksaft (abschmecken!)

Agar-Agar mit einem Schneebesen im Fruchtsaft auflösen, bis keine Klümpchen mehr zu sehen sind. Zitronensaft dazugeben und ca. 2 Minuten unter ständigem Rühren aufkochen. Dann in Silikonförmchen oder Eiswürfelbehälter füllen und ca. 1 Stunde in den Kühlschrank stellen. Fertig. Lecker!

20 PUNKTE

❀ Lieblingsessen wünschen

30 PUNKTE

❀ Gesellschafts-Spieleabend mit Popcorn

Rezept: Popcorn – süß oder salzig

50g Popcornmais
4 EL Öl (Der Boden des Topfes muss ganz mit Öl
*   bedeckt sein!)*

Öl in einem großen (!) Topf richtig heiß erhitzen.
Dann den Topf vom Herd nehmen, Mais in den Topf
füllen, umrühren und Deckel drauf. Zwischendurch
mit geschlossenem Deckel durchschütteln.

Wenn das Popcorn fertig ist, muss es raus aus dem
Topf und in eine Schüssel, da es sonst matschig
wird. Jetzt kann es nach Belieben mit Zucker gesüßt
werden. Lecker ist es auch, wenn man noch eine
Prise Zimt hinzugibt.

Mit Salz wird das Popcorn zu einem prima Chips-
Ersatz.

Variante: buntes Karamell-Popcorn

Popcorn wie oben beschrieben herstellen.

für 20g Popcorn:

20ml Wasser
2 EL Zucker
1 TL Vanilleextrakt
Lebensmittelfarbe

Alle Zutaten vermischen und in einem Topf aufkochen bis der Zucker karamellisiert. Nicht rühren! Sonst karamellisiert er nicht!
Karamellmasse vom Herd nehmen und das Popcorn unterrühren.
Fertig ist das total coole Party-Popcorn!

40 PUNKTE

❄ Großes Frühstück während der Woche

Tipp: Bagel, Croissant, Laugengebäck – das gibt es alles auch zum Aufbacken. So spart man sich den morgendlichen Weg zum Bäcker.

Rezept: French Toast

2 Eier
200ml Milch
1 TL Zimt
1 Päckchen Vanillezucker
Toastbrot
Ahornsirup
Eier, Milch, Vanillezucker, Zimt mit einem Schneebesen in einem tiefen Teller verrühren.
Butter in der Pfanne erhitzen. Toastscheibe von beiden Seiten in die Milch-Ei-Mischung tunken und dann in der Pfanne von beiden Seiten ca. 2 Minuten braten. Die Toastscheiben direkt auf einen Teller geben, mit Ahornsirup übergießen. Fertig. Mmmmmmh.

Im Sommer kann man dazu noch saftige Erdbeeren servieren. Bananen schmecken dazu aber auch sehr gut. So bekommen die Kinder noch ein paar Vitamine dazu.

60 PUNKTE

❀   „Happy Waffel"-Nachmittag

Waffel-Grundrezept

50g Butter
2 Eier
100g Zucker
½ l Milch
300g Dinkelmehl
      (Mit frisch gemahlenem Vollkornmehl schme-
      cken die Waffeln besonders lecker.)
1 TL Backpulver

Alles verrühren, fertig.

„Happy Waffel"-Ideen

Die Idee zum Happy Waffel Nachmittag entstand, als wir einen längeren Spaziergang zu einem „Waffel House" unternommen hatten, um dann festzustellen, dass der Laden geschlossen hatte. Einfach zu. Die enttäuschten Gesichter kann man sich vorstellen. Ich meinte dann: „Ach, das können wir zuhause auch." Und das konnten wir. – Man nehme einen Berg Waffeln. Und stelle dazu auf den Tisch:

- ❖ Schokostreusel
- ❖ Bunte Streusel
- ❖ Schlagsahne
- ❖ Vanilleeis
- ❖ Schattenmorellen aus dem Glas (kann man auch erhitzen)
- ❖ Schokoladensoße
  (Im Wasserbad geschmolzene Zartbitterschokolade vermischt mit einem Schuss flüssiger Sahne – suuuper lecker!)

Hast du wenig Zeit, kannst du stattdessen auch das Grundrezept einfach etwas variieren:

Zimt-Waffeln: *2 TL Zimt zum Waffelteig hinzugeben.*

Vanille-Waffeln: *½ TL echte Vanille und 1 TL Vanillezucker.*

Zitronen-Waffeln: *½ Fläschchen Zitronenaroma und Saft einer ½ Zitrone.*

Diese Varianten schmecken prima einfach nur mit Puderzucker oder zum Beispiel mit Himbeersahne.

Himbeersahne: Sahne mit etwas Honig aufschlagen, Himbeeren (aufgetaute Tiefkühl-Himbeeren eignen sich gut!) untermischen.

80 PUNKTE

❀ Ausflug in den Park mit Picknick

Picknick-Ideen

❖ leckere Saft-Trinkpäckchen
❖ belegter Toast: Toastscheiben toasten, lecker belegen und dann diagonal durchschneiden. Dreieckiger Toast ist mal etwas anderes und schmeckt gleich viel besser.
❖ Obst-Käse-Spieße (Am besten Weintrauben, die matschen nicht.)
❖ Mozzarella-Spieße mit Cocktailtomaten
❖ Apfelschnitze (gehen immer)
❖ Cookies oder Muffins
❖ Jelly Beans (besser noch: Bertie Bott's Beans – das sorgt für Spaß!)

❖ Wenn es kalt ist: Thermoskanne mit Kinderpunsch oder warmem Kakao, für Mami eine Thermoskanne Tee oder Kaffee.

Super leckeres Cookie-Rezept

280g Zucker
40g Zuckerrübensirup
200g weiche Butter
2 Eier
400g Dinkelmehl
      (mit frisch gemahlenem Vollkornmehl schmecken die Cookies besonders lecker)
1 TL Natron
1 TL Vanillepulver
1 TL Salz
300g Zartbitter Schokolade
      (wahlweise auch je 100g Milch-, Zartbitter- und weiße Schokolade)

Backofen auf 180°C Grad vorheizen und Backpapier auf ein Backblech legen.
Zucker und Sirup mit dem Mixer zerkleinern, bis keine Klümpchen mehr zu sehen sind. Weiche Butter unterrühren, Eier hinzugeben. Alles gut verrühren.
In einer zweiten Schüssel Mehl, Natron, Vanillepulver und Salz mit dem Schneebesen verrühren und dann zur ersten Mischung geben.
Die Schokolade in kleine Stücke schneiden und zum Teig geben.
Cookies formen und mit großem Abstand auf das Backpapier legen. 15 Minuten backen. Dann auf einem Ofenrost auskühlen lassen. Fertig!

100 PUNKTE

❀ Kinoabend mit Pizza vor dem Fernseher

Am besten den Pizza-Bringdienst bestellen – das finden die Kinder aufregend und entlastet dich als Mutter.

Besonders spannend ist es, wenn du ein Kinoplakat aufhängst. Einfach mal im Internet nach Bildern suchen, ausdrucken und aufhängen!

7 PUNKTE-TAGESBONUS*

❀ eine Folge einer Lieblingsserie

Alle dürfen mitgucken!

DU HAST ES DIR VERDIENT: DIE TOLLEN PRÄMIEN FÜR DEINE PUNKTE.

7 — TAGES-BONUS SERIE GUCKEN

10 — GUMMIBÄRCHEN SELBER MACHEN

20 — DEIN LIEBLINGSESSEN

30 — GESELLSCHAFTS-SPIELEABEND MIT POPCORN

40 — GROSSES FRÜHSTÜCK

60 — AUSFLUG IN DEN PARK MIT PICKNICK

100 — KINOABEND MIT PIZZA

Am besten hängst du die Übersicht über die Belohnungen neben das Bonuspunktesystem an den Kühlschrank oder einen anderen Platz, der für die Kinder gut zugänglich ist. Dann können die Kinder sich überlegen, wofür sie ihre Punkte sparen wollen.

Du findest diese Prämienübersicht auch zum kostenlosen Download auf meiner Homepage *www.bonuspunkteplan.de*!
Wenn du keinen (guten) Drucker hast, kannst du die Prämienübersicht auf meiner Homepage auch in einem schön großen Format bestellen.

✦ PUNKTESAMMELN

Welche Aufgaben mit Punkten belohnt werden, richtet sich natürlich auch danach, was bei euch zuhause so Thema ist. Im Kapitel „So funktioniert das Bonuspunktesystem" habe ich bereits erklärt, welche Aufgaben belohnt werden sollten. Generell sollte nichts dazugehören, was selbstverständlich ist.

Was aber, wenn dein Kind ständig vergisst Zähne zu putzen? Und du vergisst das zu kontrollieren oder bist es leid, das Kind ständig zu erinnern? Dafür gibt es die „Bonus-Woche". (s.u.)

Abends ist es immer wichtig die Punkte abzuhaken und unten eine Strichliste anzufertigen. Denn wenn ihr das Programm länger durchzieht, werden die Punkte irgendwann übereinander kleben. Streicht man sie ab, sieht man, welche Punkte neu hinzugekommen sind und welche – genau! – schon abgestrichen wurden.

Wir kreuzen die Klebepunkte immer durch und dann gibt es unten in der Strichliste jeweils einen oder zwei Striche, je nachdem, ob die Punkte einen oder zwei Zählwerte haben. Wenn die Kinder zuverlässig sind, können sie das auch selbst übernehmen.

Wichtig ist, dass das jeden Abend geschieht, da es ja sein kann, dass ein Kind auf sieben Punkte am Tag gekommen ist und da gibt es den Tagesbonus!

Meist haben das die Kinder aber auch ganz gut selbst im Blick, ob sie den Bonus erreicht haben oder nicht.

Du siehst auf der nächsten Seite einen Muster-Bonuspunkteplan. Natürlich kannst du dir auch deinen eigenen Plan zeichnen. Du findest aber auch einen Plan zum kostenlosen Download auf meiner Homepage *www.bonuspunkteplan.de*! Dort kannst du die Namen deiner Kinder eintragen und in den freien Feldern ist noch Platz für eigene Ideen.

Wenn du keinen (guten) Drucker hast, kannst du den Bonuspunkteplan auf meiner Homepage auch in einem schön großen Format bestellen sowie auch die bunten Klebepunkte.

Alternativ findest du die aber auch in jedem guten Schreibwarenladen.

Das große Punkte-Sammeln von

1 Punkt

- Bett machen
- Mäkel-Essen aufessen
- Tisch abräumen
- Müll rausbringen
- Post reinholen
- Instrument üben
- Vokabeln lernen
- Blumen gießen
- 10 Liegestütze

2 Punkte

- Buch lesen (20 Min.)
- Zimmer aufräumen
- Leergut wegbringen
- Einkaufen gehen

Strichliste

✦ DIE BONUS-WOCHE

Mit dem Bonussystem werden nur zusätzliche Tätigkeiten belohnt. Sollte jedoch mal etwas überhaupt nicht gut laufen, kannst du eine Bonus-Woche einführen.

Bei uns gab es jeden Morgen Streit im Badezimmer. Darum, wer zuerst die Zahnpasta nimmt bis dahin, dass der eine den anderen beim Wasserausspucken nass spritzt. Jeden Morgen. Es endete IMMER mit Geschrei.

Ich führte eine Bonus-Woche ein – für jeden Morgen ohne Streit gab es für alle einen Punkt. Eine Woche lang.

Nach dieser Woche habe ich die Kinder gebeten zu versuchen, sich auch ohne Punkte weiterhin ohne Streit fertig zu machen. Und es klappte. Weil wir durch diese eine Bonus-Woche bestimmte Verhaltensmuster und -strukturen, die da morgens immer abliefen, durchbrochen hatten.

Vergisst also dein Kind ständig die Zähne zu putzen, kannst du diese Tätigkeit vorübergehend mit dem Bonuspunkteprogramm belohnen. Wenn du den Eindruck hast, jetzt läuft das Zähneputzen, nimmst du es einfach wieder raus aus dem Plan.

Allerdings solltest du vorher ankündigen, dass es für Zähneputzen nur vorübergehend Punkte gibt. Am besten überlegst du dir vorher genau, für wie lange es dafür Punkte gibt. Die eine Woche, die „Bonus-Woche", hat sich bei uns dafür gut bewährt. Das Kind hat einen Anreiz etwas zu tun und darüber, dass es dies nun regelmäßig tut, entwickelt sich ein Automatismus, der auch nach der Bonus-Woche anhält.

✦ BONUSPUNKTESYSTEM VS. FREIWILLIG HELFEN

Die Kinder sollten natürlich eigentlich freiwillig und ohne Belohnung helfen. Da das aber in der Regel nicht funktioniert, können sie über das Punktesystem die Aufgaben im Haushalt kennenlernen. Viele Tätigkeiten im Haushalt laufen für die Kinder ab wie Zauberei: Sie setzen sich an einen gedeckten Tisch. Ihr Schrank ist immer voller sauberer Wäsche. Die Mülltüten sind immer leer. Kurz: Zauberei!

Über das Bonuspunkteprogramm macht es ihnen Spaß zu helfen. Sie sehen, was Mami oder Papi alles leistet und sie gewöhnen sich daran, zu helfen.

Die Kinder dürfen sich bei uns übrigens auch ohne Punkte einzulösen immer mal wieder etwas zum Essen wünschen. Wir sehen manchmal während der Woche einen Film, ohne dass jemand die Punkte dafür zusammen hat. Und wir machen – ohne dass dafür Punkte draufgehen – schöne Ausflüge nach draußen. Bei allem Punktegesammel ist es nämlich wichtig, dass es auch einfach mal so etwas Schönes gibt oder etwas Schönes unternommen wird.

Dieses Wechselspiel hat dazu geführt, dass die Kinder inzwischen bei uns nach dem Essen ihre eigenen Teller zur Spüle bringen, ohne sich dafür Punkte aufkleben zu wollen. Wenn sie sehen, ich bin gestresst, bieten sie Hilfe an.

Was neu dabei ist: Sie wissen nun, warum ich manchmal gestresst bin, denn sie wissen, was alles zu tun ist. Und sie wissen, wo und wie genau sie helfen können. Und am Ende hat die ganze Familie etwas davon.

So, nun hast du wirklich mein ganzes Handwerkszeug gegen Stress im Alltag!

Ich wünsche dir ganz viel Erfolg mit diesen Tricks und Tools und wünsche dir von Herzen, dass du zu deiner inneren Mitte zurückfindest.

Und dass du diese so besondere Zeit mit deinen Kindern nun gestärkt und ganz entspannt genießen kannst!

ONLINE-KURS

„Stressfrei in unter 3 Minuten"

Sonja Baum führt dich ganz entspannt
durch ihre 20 Entspannungstricks.
Direkt zum Mitmachen!

Hier findest du den Online-Kurs:

>> www.bonuspunkteplan.de/kurs <<

Ich danke Yvonne Dast-Kunadt für Kritik und Rat
zu jeder Zeit, Kai Kathe für die wundervolle
Gestaltung dieses Buches, Maren Kaschner für
die wunderbare zeichnerische Umsetzung des
Bonuspunktesystems, Armin Sengbusch für den
Einsatz seines fotografischen Talentes, Anja Leyn
für Stärkung und Bekräftigung auf allen Ebenen,
und ich danke meinen Eltern für die liebevolle
Unterstützung in allen Lebenslagen.
Und vor allem danke ich meinen drei Kindern,
ohne die alles nichts wäre. Und ohne die es dieses
Buch nicht gäbe.